釈尊と「解脱」の思想

欲望と迷妄の社会における反時代的思想

大小路悠行

花伝社

釈尊と「解脱」の思想——欲望と迷妄の社会における反時代的思想◆目次

第二部　釈尊思想における輪廻の観念と解脱

序説——「釈尊の教説」をいかにとらえるか

一　智凱『四教儀』

——「四阿含経は、ただ粗雑であって、すぐれて奥深いところがない」

釈尊（釈迦、ゴータマ・ブッダ、ゴータマ・シッダールタ：「釈尊」は釈迦牟尼世尊または釈迦牟尼仏世尊の略称）は仏教の始祖である。しかし、釈尊が直接に説いた、いわゆる直説《じきせつ》の経典なるものは全く存在していない。釈尊の教説に最も近接している経典は、今日では、パーリ語経典の「パーリ五部」と漢訳経典の「四阿含」であるとされている。パーリ五部は、『相応部経典』56相応（集成）２８７５経、『中部経典』１５２経、『長部経典』34経、『増支部経典』11集２１９８経、『小部経典』15経を指し（ただし、経数の数え方には異なる方法がある）、四阿含は、『雑《ぞう》阿含経』、『中阿含経』、『長《じょう》阿含経』、『増一《ぞういっ》阿含経』を指している。パーリ『小部経典』のみは、漢訳にない。パーリ五部と四阿含は、それぞれ内容的にほぼ対応しているが（ただし『相応部経典』と『雑阿含経』はおおよその対応）、必ずしも一致していない。「四阿含」はサンスクリット語からの漢訳であるとみなされている。

だが、これらの経典は、中国と日本の大乗仏教界において長らくほとんど無視されてきた（日本においては明治時代に至るまで）。漢訳の四阿含は早くに存在していたにもかかわらずである。漢訳は、

4世紀末〜5世紀前半になされている。『雑阿含経』は435年、『中阿含経』は397〜398年、『長阿含経』は413年、『増一阿含経』は397年にそれぞれ訳出されている。なぜ、これらの経典が無視されてきたのか。

「教相判釈《きょうそうはんじゃく》」というものがある。これは、仏教の教説の高低、優劣について、それらが説かれた形式、方法、順序、内容などを基準として判定・解釈するものであり、5世紀頃から、中国仏教において行なわれるようになった。その代表的なものが、「五時八教」を論じた天台大師智凱《ちぎ》(538〜597年)の『四教儀』である。これは、その後の中国と日本の仏教界に大きな影響を及ぼした。10世紀に、高麗の諦観が編纂した『天台四教儀』は、智凱『四教儀』を要録したものである。

『天台四教儀』は、「天台智者大師、五時八教をもって、東流一代の聖教を判釈し、ことごとく尽くさざるなし」という一文で始まる。智凱は、釈尊が生涯で説いた教説を五つの時期に区分した。これが「五時」である。一に華厳時(華厳経を説く)、二に鹿苑時《ろくおんじ》(四阿含経を説く)、三に方等時《ほうどうじ》(維摩経、金光明経、勝鬘経などを説く)、四に般若時(摩訶般若、光讃歌般若、金剛般若などの諸般若経を説く)、五に法華涅槃時(法華経、涅槃経を説く)である。「八教」とは、「頓」教、「漸」教、「秘密」教、「不定」教、「蔵」経、「通」教、「別」教、「円」教を指す。

「五時」において挙示されている経典は、二の鹿苑時の四阿含経以外はすべていわゆる大乗仏教の経典である。智凱は、これらの大乗の経典はいずれもすぐれたところがあるが、その中では、方等時の経典、般若時の経典、華厳時の経典、法華涅槃時の経典の順ですぐれており、最もすぐれているのは法華経であるとしている。これに対して、「鹿苑時の四阿含経は、ただ粗雑であって、すぐれて奥深いところがない（「鹿苑但爾無妙」）」と貶《おとし》められている。

智凱によれば、釈尊は、最初に華厳時の華厳経典を説いたが、小乗の弟子たちはこの「頓」教（ただちに深い悟りの境地に達する教え）たる経典を全く理解できず、ただ「聾唖のごとくに、その場に坐していいた（「坐如聾若唖」）」。そこで、釈尊は仕方なく、程度をぐっと下げて、「漸」教（長い修行の末に次第に悟りに近づく教え）たる鹿苑時の四阿含経でもって、小乗の弟子たちに教え説こうとした。その後、釈尊は再び徐々に程度を上げて、方等時の経典、般若時の経典、華厳時の経典、法華涅槃時の経典を説くようになった。

要するに智凱は、四阿含経は小乗の経典であり、大乗の経典に比してはるかに劣っており、「ただ粗雑であって、すぐれて奥深いところがない」と断じているのである（大乗と小乗を初めて区別した経典は、紀元1世紀に成立したとされる「八千頌般若経」である。小乗は大乗側からの貶称《へんしょう》である）。智凱の意図は、大乗の経典を高め、大乗がいう「小乗」の経典を貶めようとしたのであろうが、結果的には、釈尊の教説を貶めることになっている（ただし、大乗仏教側が貶称した、いわゆる小乗仏教が釈尊の根本教説にそのままに忠実であったわけではない）。こうして四阿含経は、中国と日本の大乗仏教界において「死に体」となっていった。四阿含経が釈尊の教説を最もよく表わしているとしたのは、日本の江戸時代中期の富永仲基（1715〜1746年）であったが、独創的な考察に基づく仲基の論は、当時の大乗仏教界から批判というより「罵《ののし》り」の対象となった（仲基の論の詳細は、本書の「〔補論〕木村泰賢の『輪廻』論及びそれに対する和辻哲郎の批判」五を参照）。その後も、四阿含経は大乗仏教界で無視され続け、四阿含経が注目され出すのは明治時代になってからである。それも日本独自に浮上してきたのでなく、19世紀からの欧州の学者たちによるパーリ語経典の研究に触発されてのものであった。欧州でのパーリ五部の研究の組織として、１８８１年、「パーリ聖典協会」（The Pali Text Society）がロンドンで設立されている。

二　初期経典の編纂過程

釈尊の教説に最も近接している経典は「パーリ五部」（「四阿含」）であるが、これはあくまでも「近接」であり、釈尊の教説そのものとみなすことはできない。このことは、初期仏教の経典の編纂過程と関係する。にもかかわらず、「パーリ五部」の教説をすべて釈尊のそれとみなす見地は一部の仏教界・仏教学界にいまだに根強い。

初期仏教の経典は主として、釈尊の没後まもなくして行なわれた第1回仏典結集《けつじゅう》、没後１００年頃に開催された第2回仏典結集、インド・マウリヤ朝のアショーカ王の治下で紀元前3世紀中頃に開催されたという第3回仏典結集などを経て編纂されてきたと考えられる。かつ、これらは口承（口伝）が中心であった（筆録の経典化は紀元前後）。しかし、これらによって、現形の経典が確定されたものでない。クシャーナ朝のカニシカ王の治下で紀元後2世紀中頃に第4回仏典結集が開催されたといわれ、このあたりまで（あるいはその後も）、整理・付加・増広がなされている可能性がある。たとえば、長部経典の大般涅槃経に対応する漢訳・長阿含経の遊行経は大乗仏教勃興後の修正を思わせるという研究もある。また、釈尊「没後」にしても、そもそも釈尊の生没年は確定的でない。伝承を含めて、

①紀元前624~544年頃、②紀元前566~486年頃、③紀元前463~383年（ないし466~386年）頃などに分岐しているが（他説あり）、日本では③説が有力である。

いずれにしても、初期経典は長期間にわたって編纂されてきたものであり、かつその経典の編纂には釈尊自らは全く関与していない（「このようにわたしは聞いた〔漢語：如是我聞、パーリ語：**evaṁ me sutaṁ**、サンスクリット語：**evaṁ mayā śrutam**〕」は、通常、経典の最初に出てくる定型句であり、「わたし」は釈尊の直弟子のアーナンダのこと。大量の経典が釈尊からアーナンダに説かれたことになっている）。

第1回仏典結集は釈尊の直弟子たちによってなされたものであろうが、第2回仏典結集、第3回仏典結集、第4回仏典結集は後の教団（僧団）によってなされたものである。大乗仏教の経典の編纂・成立は、いずれも紀元後のことである。智顗は、釈尊が最も早く説いたのは華厳経であるとするが、今日では、華厳経の編纂・成立は紀元後4世紀頃と推定されている。

大乗仏教の経典は、釈尊の教説との関係は遠いが、長期間の過程を経て編纂されてきた「パーリ五部」（「四阿含」）にしても、そのなかの諸経典の内容と釈尊の教説との近接度は同じではない。後代の整理・付加・増広がみられ、また諸経典の間で、内容的に、明らかに対立・衝突しているものもある。原典批評（テキスト・クリティーク）の必要性が出てくる所以である。

また、インド文献については、宗教的教義は口伝えに伝承され、宗教思想の発達を見わけようにも、年代的なことがらがよく分からないということが、つとに指摘されてきた。今日まで残った厖大な量の宗教上の文献は、時代が明示されないままの状態で存在し、特定の時と所を確認できるような事件や人に対して言及することは驚くほど少なく、そのため、思想の糸を解きほぐすとしても、それは歴史的というよりは、どうしても論理的な操作にならざるを得ない、といわれる。

さらに、中村元は、「インドには偽書が多い」として、こう論じている。「偽書は西洋でも作製され、シナにも相当多いが、インドはそれらと比較にならぬほど多い。著者名記載はたいていの場合、虚偽であると言ってよいかもしれない。これはおそらく個我滅却、個体無視の思惟方法と関係があるように思われる。たとえばあの多数の大乗経典は『仏説』すなわち釈尊の説法であることを標榜しているものであるが、その点だけを問題とするならば、明らかに偽書である。また原始仏教経典といえども、その大部分の教説は、釈尊の入滅後に後世の人々が作り出して、それを釈尊の説法という体裁をととのえているだけにすぎない」（『インド人の思惟方法』第9章、中村元選集〔決定版〕第1巻、春秋社、1988年）。

インドの仏教経典の原典批評は、これらの論をも視野に入れておかなければならない。

三　原典批評

経典の原典批評については、これまでも多くなされてきたが、ここでは、特に重要と思われる宇井伯壽、和辻哲郎、中村元、増谷文雄のそれらについてみてみる。これらの原典批評は優れた研究であり、修正が必要な部分を含みつつも、いまだ有益である（経典の細部での原典批評は今後も続けられる必要がある）。これらの内容は詳細であり、以下では本書と関係する部分のみを検討する。

1　宇井伯壽の原典批評（『印度哲学研究』第二、第三、岩波書店、1965年、初出は甲子社書房、1925年）

（ⅰ）『印度哲学研究』第二「原始仏教資料論」

宇井は、いわゆる「根本仏教」の範囲について、こう論じる。「予は大体、阿育王即位迄を指すことにする。已に仏滅年代論の中に論じた通、阿育王の灌頂即位式は紀元前271年に行はれた事で、そしてこれは仏滅より116年であると見るのが最も信用に価し得るものである。また仏陀の年代は紀元前466―386年であり、仏陀の成道はその35歳で、紀元前431年に当る理であるから、原始仏教の時代は紀元前431―271年の間であるといふことになる」（宇井は、仏滅についての紀元前483年説、477年説、370年説を吟味したうえで、386年説を妥当とする、同上書「仏滅年代論」）。そして、宇井はこれにとどまらず、原始仏教の時期を区分し、「仏陀及び其直接の弟子の間を一時期として」見て、この一時期を「根本仏教」と呼び、「原始仏教の中でも特別に研究せねばならぬ」とする。「今其年代を考へて見るに、仏陀の直接の弟子は平均仏滅後30年位生存したと考へてよからうから（優波離は仏滅30年に寂したと伝説せられて居る）、大体紀元前350年頃までとなるであらう。故に根本仏教の時期は紀元前431―350年となる」。

次に、長部経典・長阿含経典、中部経典・中阿含経典、相応部経典・雑阿含経典、増支部経典・増一阿含経典のそれぞれの「編集の方針目的」について、宇井は、以下のようにまとめている。この内容は、各経典の大きな特徴を知るうえで有益である。

「長部の目的は比丘をして仏陀並に仏教が婆羅門沙門等の諸外道より優れて居ることを知らしめ、

以て仏教修行に対する熱心を維持せしめ、兼ねて仏教教理の大綱を知らしむる点に存すると思はるる。仏陀の優れたることを示す為には、外道のみならず諸天大王等よりも優れて、種々の特相の存することを現はすから、仏陀観に於て頗る注意すべきものが存するし、仏教の優ることを明にする為に、外道の生活乃至学説を示して其奉ずるに足らざる所以を示して居る」。「長阿含も大体同一趣意であるが、此方は仏陀を説くを初とし、其過去と現在との関係から仏陀の超人たる所以を明にし、次で其法相教義の綱要を示してそれが又諸天にも尊崇せらるる所以を説き、最後に外道諸派の諸師及諸説の到底及ばざる所以を明にせむとして居る。通常解せらるる如く、長経を集めて長部又は長阿含と名づけたのではなくして、以上の如き趣意にて集めたのが比較的長経のみであつたから其名が起つたに過ぎないものである」。

「中部中阿含は仏陀の教義の凡ての点を説明解釈的に示して居るものを集むる方針に成つたもので、四諦八聖道十二因縁業煩悩禅定涅槃等多くの教義法相の中心をなすものが、散文的に説明せられて居る。中部には偈としては単に二十七存するのみである。巴利と漢訳とにては各品の分ち方や経の順序が甚だしく相違して居るが、内容の性質上編集方針には殆ど異はない。是も通常いはるる如く不長不短の経を集めて中部又は中阿含と名づけたのではなくして、以上の方針で集めた際大体中経が集まつたから、中の字を以て呼ぶに至つたのである」。

「相応部雑阿含は相対応するとか雑然たるとかの意味でなくして、互に相関係するものを分類し集めたものの意であるから、其含むものとしても、各経の教義等互に関係類似する点で分類したものである。恐らく初めからあつたものを選出して分類したものであつて、必ずしも既に長中二部二阿含に選取られた残余のものを関係的に見て分類したものではなからう。時には長経も含まるるが、短経が多く、分類の性質上、殆ど同一の経も少からず含まれて居る。無論長中二部特に中部と同程度の新しい経も存するが、一般に古いものが多く、殊に巴利の有偈聚及び之に相当する漢訳の部には一層古い経を含むで居る。此相応部雑阿含は五部四阿含の中で最大部のもので、偈文も相応部には９５０もあつて、他に例がない程であり、研究上にも興味多きものである」。

「増支部増一阿含は各経の説明解釈の主題となつて居る数目の順序によつて、増上的に分類編集せられたもので、時には已に他の部の中にある経の中から数目の部だけを抜出して、此中に編入したとも思はるる。従つて多くを含ましめむとする傾向であるが、殊に増一阿含は自ら諸法を最もよく包含して居る優れたものとなす傾向を表はして居る。一般に増支部増一阿含は内容上新しい種類に属するが、増一阿含は特にさうである。但し増一阿含には他のものに少ない古い点も存する」。

「かくの如く編集の方針目的を考へると、此点では相応部雑阿含が最も古く、次には長部長阿含が古く、中部中阿含が之に次ぎ、増支部増一阿含が最も新しいと考へられるるが、然しこれは編集の目的方針上より見ただけであつて、決してこの事が直に此等の中に含まるる各経の新古を判断する標準となるのではない、此等のものが既に此の如き目的方針で編纂せられて居ることは是明此等の編集が後世のものであることの確証である。蓋し、いふ迄もなく、仏陀自身が此の如き方針目的を知つて説いたのでなく、また教を説いて之を何経とし何部に入るべしとなしたのでもなく、降つて第一結集に於てすら、此方針目的の下に阿難が各経を誦出した如き事はあり得る事でない。律蔵に於ける結集記事は後世此等の方針目的を知つてから、若しくは四部四阿含が少くとも大体定まつてから、作られた記述なることは疑ふべからざる事実である」。

さらに、宇井の原典批評で特筆すべき点は、原典の「批評取捨の標準」として「仏陀の根本思想」を提示していることである。宇井はこう言う。「仏陀の根本思想を知るには、予はこれを、仏陀の重要なる事蹟と、仏陀当時の一般思想と、経律の古い部の意味と、から見るべきものであると信ずる、仏陀の事跡も神話的に潤色せられて居て、経律の古い部に於てすら、其真相が記されて居らぬが、其中で最も確実にして何人も疑はないものを取るべきである」。そうして、宇井は厳密な分析の結果、「仏陀の根本思想」として、ここでは、「涅槃」思想、「八聖道」論、「諸行無常一切皆苦諸法無我の説」、「十二因縁説」（縁起説）を抽出している。以下、簡潔にみてみる。

宇井は、「涅槃は仏陀の説の本質である」とし、その涅槃を特に「愛」（渇愛）との関係でとらえ（「愛」〔渇愛〕〔パーリ語：taṇhā、サンスクリット語：tṛṣṇā〕は欲望、執着を意味する）、「仏陀の根本思想上、涅槃は愛の克服支配で、自主自由となつた所をいふと解する外に解し方はない」と論じる。宇井によれば、涅槃は「消極的」なものでなく、「積極的」なものであり、「仏陀の自ら行じ、人に教へた所は、愛の征服、即心の修養によつて自ら自らの主となり、全く自由となることであつた。かくなり得たのが即ち解脱涅槃に外ならぬ」ものである。よって、涅槃はいわゆる虚無ではない。「自主自由自律若しくは菩提の完成人格の完成を内容として居るものであるから、決して一部の或学者の考ふるが如くに、涅槃は無内容なものではない。従つて無内容なるが故に涅槃は虚無に過ぎないとなす学者の説は誤つた出発点より生じた誤つた帰結の外ならない」。「仏陀の根本趣意に還るならば、涅槃は決して虚無でもなく、あきらめでもなく、離身解脱でもない。充実した内容があり、積極的の愛の征服であり、現身に於ての証得である。蓋し涅槃が愛の征服即ち自主自由である以上は、死後に於てこれが証得せらるるものであるなどとは到底考へらるることでない」。

愛を征服し、涅槃を証得する方法手段が「八聖道」である。「愛を制止し又は滅する方法手段は即ち八聖道であるが、特に正見に於て仏陀の根本思想を知り、正思正語正業正命正精進正念を整へて、殊に正定によつて之をなすのである」。

「諸行無常一切皆苦諸法無我の説」については、宇井はこう言う。「仏陀の基礎的考の重要なるものは一切無常といふことである。仏陀が出家して脱せむとした苦は、直接に表はるるものとしては、生老死等であつて、此生老死は畢竟無常といふことに外ならない。且又一切無常といふは仏陀が全く事実を観察し事実を判断したものであつて、経律の中には殆ど之に対する論証が挙げらるることなく、自明の如くに許されて居る程のものである。而も此無常は刹那変遷の無常であつて、決して一期の常住を許す暫住無常の如きものではない」。「仏陀は当時一般に承認せられた如き我の考を採用しなかつた。従つて諸行無常一切皆苦は其中に少しも矛盾を含むことはない。そこで更に進むで一切無常からも、また一切皆苦からも、一切無我の主張をなして来た。無我とは、今いふ実体的我の存在を否定した説であるが、諸法無我といはるる語に表はれて居る通、一切のものの中に固定的実体を否定した意味である。諸行無常から常住我を否定する無我説の出るのは必然の関係にあるが、一切皆苦から無我説を立てるのは主として主宰者としての唯一我を否定するのである。此の如く考へて来ると、仏教に於て仏陀の根本思想を諸行無常一切皆苦諸法無我にありとなして居るのは、仏陀の事蹟中確実にして疑ふべからざるものから考へて、全く正しいものであることが証明せられ得る」。

この「諸行無常一切皆苦諸法無我の説」と「十二因縁説」（縁起説）の不可分性について、宇井は次のように論じる。

「諸行無常一切皆苦諸法無我の説が根拠となり、また此等の説の根拠となる説が、所謂縁起説である。通常いふ十二因縁によつて表はされて居る思想を指して、茲に縁起説と称するのであるが、此所謂十二因縁といふ名は、漢訳阿含に出て居るが、巴利語の経にては単にニダーナ即ち因縁といふて居る」。「吾々の現実生存は、之を分析的に見れば、認識過程と活動過程とに分つことが出来るし、またかく見るのが上世印度思想の通例である。十二因縁の中の無明・行・識・名色・六入・触・受は前者を説明せむとし、愛・取・有・生・老死憂悲苦悩悶は後者に当つて居るのである。そして此等の一々は決して時間的に因果の関係で順序立てられて居るのでなくして、全く論理的に而も互に相依り互に予想して居る関係で列挙せられて居るに過ぎない。更に前半と後半とにても同じく此関係であつて、何れか一つが不変的の中心実体であるといふのでなく、甲は乙に依り乙は甲を資けて、互に相依りて存在することをいふのである。数は通例十二と数へられて居るが、実際いへば凡てのものは此中に含まれて餘蘊ないから、一切のものの関係は決して各自独存孤立でなくして、相依相資であるといふことになる意味のものである。此意味を縁起といひ、此説を縁起説と称するのであるが、これが即ち諸法無我を示して居る所以の外ならないのである。而して前半には無明が最初にあり、後半には愛取が先だつて居るが、無明といひ愛取といひ、実は同一物を両方面より眺めて名づけた名であつて、知的方面から無明と称し、意志的（情的をも含めて）方面から一般には愛、これを特に具体的に身心（五蘊）に関係せしめて取と呼むだのである」。「かくして縁起説と諸行無常一切皆苦諸法無我とは互に異つた説でないから、縁起説は仏陀の根本思想を示すものであると断定し得る」。なお、宇井は、十二因縁を時間的関係と解して、十二因縁を輪廻説と結合させている論を、「かく解することになれば仏教の唯一目的たる涅槃は必然的に灰身滅智となつて、其外には考へられぬことになる」と厳しく批判している（「十二因縁の解釈――縁起説の意義」）。

以上、宇井は、「仏陀の根本思想」として、「涅槃」思想、「八聖道」論、「諸行無常一切皆苦諸法無我の説」、「十二因縁説」（縁起説）を提示しているが、次の「阿含の成立に関する考察」においても、「仏陀の根本思想」論をいくらか異なった角度から言及している。ただ、いわゆる「四諦説」（苦諦、集諦、滅諦、道諦）をやや詳しく論じているが、「四諦説」は、「八聖道」論、「諸行無常一切皆苦諸法無我の説」、「十二因縁説」と一体的なものである。

（ii）『印度哲学研究』第三「阿含の成立に関する考察」

宇井は最初に、「梗概要領」なるものを提示する。理由はこうである。

「仏陀自身は自ら其説を著書筆録其他の方法で保存し又は伝える方法を講じたことは全然ないから、此方面は全く考に入るる要はない。従つて仏陀の説なるものが保存せられ又は伝へられて居るとすれば、それは必ず弟子信者の之を聞いた人々が筆録伝写によるなり或は口授伝誦によるなり記憶なりに濾過せられ案配せられたもののみであつて、仏陀の説が一種速記的に又は蓄音器的に伝はつて居ることは絶対にない」。記憶にしても、「仏陀の説法が一語も遺さず聞者の記憶に把持せらるることはない筈である。従つて凡ての説法について或程度の梗概要領が記憶せられたのみでなければならぬ。而も其要領については各人が全く同一なものを要領として把持したと見得べき道理はない。少なくとも、多少なりと異る所があつたでなければならぬ。かくして仏陀の説法が保存せらるる第一最初の時期にあつてはこの梗概要領が記憶せられ口誦せられそして次の時代のものに口授によつて伝へらるるに至つたのであつて、この外には保存伝承の方法は全くなかつたのである。そして既に人によつて要領として捕捉するに多少の相違があるとすれば、仏陀のなした同一の説法すら多少異つて伝へらるることのあるを拒み得る理由は絶対にない」。

この「梗概要領」論は明確で、かつ説得力がある。これからすれば、最初期から釈尊の説法は、聞者の側において、その内容は多少なりとも異なっていたことになる。それらが、その後も伝承されていったわけである。そして、時代が下るとともに相違がいっそう拡大していき、現形の経典が成立する頃には、内容が相互に対立・衝突する経典が公然と現出することになった。ここにおいて、宇井は「歴史的の眼」でもって阿含経典を見なければならないとし、「現今の阿含に仏陀の真意が其儘表はし出されて居ないのはそれは当然のことであつて、阿含を以て仏陀の考を変化なく表はして居ると見たり、阿含のいふ所を其儘取つて之をのみ根拠となして仏陀の真意が知らるるとなしたり、また阿含に述べらるるから梵天などのことも仏陀自身が既に口づからいふたことであるとなしたり、其他の如きことを論断せむとするのは明に阿含が成立するまでの変遷発達幷に成立以後の変化を考慮していない議論であつて、殆ど学術的価値のないものである」と論じる。

次に宇井は、阿含経典の成立は、根本仏教の時期の後からのものとみているが、その阿含経典の「パーリ又は漢訳の経律二蔵を根本仏教原始仏教の資料として取扱ふ態度傾向」について、それは現今では三類あるとしてこう言う。「或人は漢訳の二蔵のみを以て其儘原始仏教は勿論仏陀の説をも表はして居るとなして居る。勿論漢訳のみで其他は不要であると明言して居るのではないが、パーリを知り得る、少くともその英独訳などを知り得るに拘らず、全く顧みないのであるから、漢訳偏重の傾向になつて居るものであらう。又他の人はパーリのみを偏重し、少くともパーリの方を根本的のものとなして居る。ここには漢訳それ自身の有する不利益若しくは欠点が予想せられて居るのであるが、同時にパーリの優越点が過重視せらるる嫌が含まれて居る。漢訳を全く知り得ない人々には無理もない点も存するが、それにしても考察の不十分な欠点は免れぬと思ふ。これ等に対して他の人々は両者にそれ相当な価値を認め従つて両者の互に一致する部を採用する方針を採る態度である。この第三は方針としては穏当であり、比較的に多く正確なこともあり得るものであるから、何人と雖之に反対すべきでなく、常に之を奉ずる如くになすがよいものではあるが、然し実際を考へて見れば一致といふは美名なるのみで必ずしも真の一致でなく、之を単に相当といふことに解しても、其相互の相当文が全く異る意味を伝へて居る如きことも少くないから、一致を求むるならば事実に於て資料として不足する程の少数になる憂が存するし、相当文としては意味を異にして居る場合には猶他の重大な問題の解決せられねばならぬものが含まれて居るのを忽にして居ることになる。此の如き欠点が存するのみならず、また、前の二類と同じやうに、経律の成立などに関して省察を欠いて居る欠点を有する」。

宇井はこのように三類の態度傾向を批判しているが、特に第三に対しては重ねて厳しく批判している。「此第三の方針にあつて資料としての阿含を取捨選択する標準が、かの偶然的の性質を脱し得ない共通一致といふことにのみ存して、内容学説上必然的なる方面に関係しないから、若しこの方面で資料として用ひ得るものがあるときは、仮令形式上の共通一致を欠くとも、それが採用せられ得るに至るのである。故に標準としては先づ主として内容に関する方面に於て之を求めねばならぬ。従つてパーリ漢訳が一致しないといふ一点のみで或経のいふ所が果して資料としての権威ありや如何と危ぶむ如きは確に幾多の先決問題に考及ぶことなく漫然と論じて居るものに過ぎぬと思はるる。故にパーリ漢訳の共通一致しない部分に於ても取るべきものは之を取るも、其理由だに正当ならば、毫も差支なきのみならず、一致する部分よりも却つて一層信憑するに足るものも事実上多く存する」。

それでは、宇井の立場はいかなるものか。宇井は「取捨選択の標準」を「仏陀の根本思想」に求め（これは、既述の「原始仏教資料論」と同様）、また、「形式上の標準」と並んで「内容上の標準」を主張する。

「要は取捨選択の標準を確立すべきことに存するのであつて、この標準が正当ならば、之によつて資料に対して宜しきを得た取扱をなし得るであらう。この標準を何に求むべきかについては、予は之を仏陀の根本思想に求むべきであると信じ、既にこれについては予の信ずる所を論述して置いた。現今一般の傾向では、阿含を資料として考察するに於て形式上の標準には考及むで居るが、内容上の標準は比較的に忽諸に付せられて居る。勿論前者のみでは到底完全なるを得ないものであると共に、後者のみでも十分ではないに相違ないし従て両者相俟つべきものではあるが、殊に後者は必要である」。

宇井が「内容上の標準」をより重視していることは、他のところで、「標準たるものは形式上のそれよりも内容上のそれでなければならぬものである」と記していることからも知られる。そして、宇井においては、この「内容上の標準」は、ほぼ「取捨選択の標準」としての「仏陀の根本思想」と重なっていると考えられる。また、「仏陀の根本思想」とは、ここでは、解脱・涅槃の思想、四諦説、八聖道を指している。

そうして宇井は、こうした標準に照らして、「仏陀の時に事実でなかつたことが遂に実際のことと せられて阿含の中に記され、仏陀の説いたものでないことが説いたこととして述べられて居る」資料を見出し、これらを仏陀の教説とすることをやめなければならないとする。これらの資料のなかには、実在論としての「業の説」、「輪廻」説、「三界を事実上存在すとし天界地獄が此世界の上下に実際に存すとなす説」などの経が含まれると宇井は言う。

2　和辻哲郎の原典批評（『原始仏教の実践哲学・仏教哲学の最初の展開』「原始仏教の実践哲学」和辻哲郎全集第5巻、岩波書店、1962年、「原始仏教の実践哲学」の初出は同出版社、1927年）

（1）和辻は、欧州の東洋学者のオルデンベルクやリス・デヴィズの研究方法の問題点を摘出しながらも、かれらに学ぶべき方法として、「現存経律の製作年代や発達段階を、経律自身の含む種々の叙述形式、用語の種類、思想内容などより見分くべきこと」をあげている。

（2）和辻は、パーリ経典と漢訳経典の関係についてこう論じる。「パーリ聖典のみが古いということを直ちに承認することができない。たとい漢訳経律の現形がパーリのそれよりも新しいにしても、パーリ聖典から漢訳の原本を導き出すことはできない。時には漢訳の方が確かに古いと思われる形を伝えている場合もある。ここにおいて漢パ一致するところにより古い同一源泉的な経律を見出さんとする試みが現われたのは当然である。我々はこれによって現存漢パ経律よりも一層古き経律を確定し、その経律から現存の形への種々なる発達の仕方を明らかにすることができる。もしこの発達の仕方が捕らえられれば、それに基づいてさらに同一源泉的経律の発達段階をそれ自身の中から見いだし得るであろう。しかしながら漢パ対照の研究はただ同一経の指摘に留まって、それ以上に現存経律の原形及びその発達を追究するには至らなかった」。この例として、和辻は姉崎正治『仏教聖典史論』（経世書院、1899年）を挙げている。

（3）和辻は、漢パ対照の研究をまず「律蔵」について行ない、結論的にこう言う。①「仏及びそのその直弟子の支配せる原始僧団については律蔵からは直接には何事も知り得ぬ。ただ後代の形式化せる僧団規定を通じてその源流としての原始僧団を解釈しいだすことができるのみである」。②「僧団生活が形式的に固定し始め、かつて内的に理解せられたものが外的規定として現われきたるとともに、波羅提木叉《はらだいもくしゃ》及び種々の儀式が徐々として形成せられた。この時期にはすでに入団者が必ずしもまじめな求道者のみではないという状態を示している。これは僧団生活が現世的に有力となったためであって、これがアショーカ王時代よりどれだけ古いかは疑問である」。③「波羅提木叉及び儀式は僧団生活の固定の度が進むに従いますます詳細となってほぼ現存のものと同様になった。この時期には衣食のために入団しようとするものを防遏する手段さえも明らかに講ぜられている。恐らくこれはアショーカ王時代に属する現象であろう」など。

（4）和辻は次に「経蔵」について、こう論じる。「現在の形における五部四阿含がそれぞれ系統を異にせる部派の所伝であり、従ってその編纂もアショーカ王よりはるか後の時代に属することはすでに宇井氏（『印度哲学研究』第二）の論証するところである。特に漢訳増一阿含、雑阿含の二者は、松本文三郎氏（『仏典の研究』）がつとに唱道せるごとく、西紀後2世紀乃至4世紀において現形を得たことの確証を示せるものであって、たといその内容の大部分がきわめて古い時代に属しているとしても、それらのある者が後代の補筆により変形されたという可能性は拒むことができぬ。かくのごとく五部四阿含の『編纂』の事業が西紀後までも続いたとすれば、各部各阿含の現形を取って直ちにその相互の間の新旧を論ずるごときは意義なき企てと言わねばならない。必要なのは五部四阿含に含まれたる個々の経の性質を理解することである」。

そうして和辻は、パーリ語の長部大般涅槃経及びこの漢訳の四種の異本を素材として比較分析し、こう結論づける。「最初はただ簡単な綱目のみをあげたものが、後に漸次増広されて行ったことはほとんど疑う余地がない。思うに涅槃経の編纂の際には、一方に涅槃に関する種々の説話が順列を定むることなく語られていたとともに、他方には仏の説法を綱目として簡単にまとめたものがいかなる時の説法とも定むることなく暗誦せられていたのであろう。この二種の材料は、一つは想像力に基づく文学的伝承であり、他は理論的興味に基づく教理的伝承として、最初より異なれる方向を示していたに相違ない。これらは最初の編纂において結合されはしたが、しかし二つの潮流が並び存し並び発達するに伴のうて、その後のはなはだしい増広を避けるわけには行かなかったのであろう」。「我々はかくのごとき態度で現存の経典のうちに文学的及び教理的の発達の段階を見いだし、結局初期教団の内に行なわれた伝説や説法綱目に到達することができる。しかしそれらはすでに強度の神話化や型式化を経たものであって、史実をそのままに伝えるごときものでは決してない。我々に必要なことは、かくのごとき教団の伝承が現存の経典の核であり、この核のまわりに後代の種々なる発達が付着しているということを明らかに見きわめるにある。しからずして現存の経典を一人のブッダの思想の記録として取り扱おうとすれば、我々は到底これらの資料を学問的に取り扱い得ずして終わるであろう」。

本書と特に関係する部分は、「想像力に基づく文学的伝承」と「理論的興味に基づく教理的伝承」という二つの異なる方向が、経典の編纂時に含み込まれたということである。そして和辻は最後に、「かくのごとく現形の経典には文学的と理論的との二種類があるのみならず、両者の間の混淆さえも存するのである。この混淆を洗い、その本来の立場に還元して考察するのでなくては、我々は到底厳密な理解に到達し得ないであろう」と結論づけている。和辻においては、ここの「想像力に基づく文学的伝承」、「文学的」経典は「神話的な想像」を意味し、「理論的興味に基づく教理的伝承」、「理論的」経典は「理論的な立場」を意味していた。

3　中村元の原典批評（『原始仏教の成立』第2編第1章、中村元選集［決定版］第14巻、春秋社、1992年）

中村は次のように論じている。

「仏教の聖典のうちには、疑いもなく歴史的人物としてのゴータマ・ブッダ（釈尊）の真説であると断定することのできることばはなにも存在しない。ただしあることばや成句がかれ自身に由来するものもあるに違いないのである」。

「われわれは（I）最初期の仏教（Original Buddhism）と（II）原始仏教（Early Buddhism）とを区別しようと思う。前者はパーリ聖典のうちの古い部分からのみ知られるものであり、後者はパーリ聖典の大部分——それらは多くはサンスクリットのアーガマや漢訳の『阿含経典』と共通である——から知られるものである。

原典批判的研究によると、若干の詩句の部分と、若干の成句は、古い層を示しているものであるということが明らかになった。それらは『スッタニパータ』（とくにアタカ・ヴァッガとパラーヤナ・ヴァガ）、『サンユッタ・ニカーヤ』（相応部経典）のサガータ・ヴァッガに含まれる諸ガーター、『イティヴァッタカ』、若干のジャータカ、『ウダーナ』聖典のうちのウダーナとなづけられるもの、そのほか若干のガーター、またガーターから書きかえられた散文の諸文章などである」。

「仏教が成立した当初は煩瑣な戒律箇条というものはなかった」。「最初期においては受戒は、釈尊がただ『来れ』と呼びかけるだけのことであった」。「仏教の最初期には、戒律の体系もなかったのみならず、戒律に関する一定した呼称さえもなかった」。「心を清らかならしめることが、仏教における最初の〈戒め sīla〉であった」。

経典に関する中村の本格的な原典批評は、この『原始仏教の成立』のなかの付編「原始仏教聖典成立史研究の基準について」においてなされている。その要旨は、以下の通りである（なお、中村は釈尊の生没年を紀元前463～383年とする。『ゴータマ・ブッダI』第1編第1章、中村元選集〔決定版〕第11巻、春秋社、1992年）。
・ブッダがいかなる言語で語り、最初期の教団の人々が何語を話していたか不明である。
・現在組織体系化されたかたちで伝えられている原始仏教聖典は、パーリ語で書かれた聖典のみである。パーリ語とは、俗語の一種である。

・学者の想定によると、パーリ聖典は西暦少し前にマガダ語の原典からパーリ語に翻訳されたものであるらしい。現在パーリ語聖典としては、五つのニカーヤ、それに対応するものとして漢訳の四阿含経にまとめられたのは、釈尊在世の時代よりははるかに後世のことであり、アショーカ王の時代にでも五つのニカーヤとか四つの阿含経という名称さえも成立していなかった。

・個個の文献全体について年代的な新古の別を設定することは不適当である。詩句をひとつずつ個別的に、また慣用句をひとつずつ個別的に、注意深く吟味することが必要である。

・原始仏教聖典の原型となるものとしては、まず詩句（gāthā 韻文）が作成され、それが幾世代にわたって伝承され、それにもとづいて後世に散文の部分が作成された。

〔韻文の文の成立が古い理由〕

1. ガーターの言語は散文の部分に比して古形をたもっている。
2. 韻文の部分に説かれている思想内容、あるいは教団の生活はきわめて原始的である。教理もまだ複雑なものとなっていない。
3. ガーターの前後の因縁譚は後世の付加。
4. 韻文の詩はすでに聖典としての権威をもっていた。
5. 散文の部分には、以前のガーターを書きかえた痕跡を残しているものがある。

さらに、

1. 韻文の詩句の文句には、ときにウパニシャッドの文句、あるいは思想を思わせるものが少なくない。

2. 韻文の詩句のうちには、ジャイナ教聖典の韻文の詩句とほとんどまったく同一のものが少なくない。

3. 韻文の部分のうちには、仏教特有の術語はほとんど現われない。そこに用いられている術語は、バラモン教聖典やジャイナ教聖典のうちに現われるものばかりであるといってよい。これに反して、経典の散文の部分においては、仏教特有の術語が非常に多くなっている。

・韻文の部分は古いとはいえ、しかしすべての韻文の詩句が古いということはできない。明らかに後に付加されたものもある。

・最初はゴータマ・ブッダの教えは口語の散文で説かれたのであろうが、それが幾百回とくり返して伝えられるうちに、その主な内容を詩のかたちでまとめるようになったのであると考えられる。

〔聖典成立史の三つの段階〕

第一段階：口語（おそらくマガダ語）で釈尊や直弟子たちが語り合った。

第二段階：主として韻文や定型句によって教えが伝えられ、次第に美文調となっていった。これは原始仏教聖典におさめられている多数のガーターのつくられた段階であろう。

第三段階：「深遠な意義」をもりこんだ哲学的論議を散文で敷衍陳述するにいたった時期。これはほぼ原始仏教聖典のうちの散文の部分に相当する。そうしてこれがやがてアビダルマへと移っていくところの過程なのである。

・現在では遺憾ながら、これこそゴータマ自身の作であるといって提示することのできる詩はひとつもない。

・パーリ語の原典は、若干漢訳されたが、その数はわずかである。

・遠い昔の過去においては、サンスクリットで書かれた原始仏典が多数存在していた。それらは大規模に漢訳された。それらの漢訳仏典は、多数今日に伝わっている。しかしそれらのサンスクリット原典は大部分は散佚してしまった。

・漢訳仏典は、一般的にいうならば、かならずしもインドの原典に忠実に文字どおり翻訳されたものではない。しばしばシナ人一般の心に訴えるようなしかたでねじ曲げて翻訳されている。

漢訳の諸経典、とくに唐代以前の古い訳においては、儒経および道教の影響が顕著に認められる。のみならず、この両哲学を説くために、文句を挿入した場合もある。さらに漢訳の大蔵経のうちには、シナ人がシナ語で書いて作成した経典が多数伝わっている。

・ある場合には、韻文の部分と散文の部分とがよく相応していないことがある。

・経典の一部が他の経典のなかで引用されていることがある。

・パーリ語聖典の成立年代は世紀前二世紀以前には遡り得ない。

・原則としては、原始仏教聖典のうちで、山林のなかでひとり修行することを説いている部分は古く、集団生活を説いている部分は新しいといい得るであろう。

・律蔵の規定は、教団が経済的に余裕のできた時代、すなわちマウリヤ王朝末期またはそれ以後に由来するのであろう。

・一般的な傾向としては、内容が素朴・幼稚であれば初期の古いものであり、煩瑣精緻なものは、教団が発展してからの後代の所産であると考えられる。
・後世の一般仏教教学によると、対象としては、色・声・香・味・触・法の六つを立てて、これを六境と呼ぶのが通例となっている。
ガーターのうちには、色・声・香・味・触の五つだけしか立てていないことがある。
・五根（五力）として、信、精進、念、定、慧をひとまとめにしてあげることは仏教一般を通じて定型化している。古い時代には、信、精進、慧の三つしかあげていないことがある。
・八正道についても定式化まで時間がかかっている。
・仏と法と僧の三宝への帰依という定式化。仏と法への帰依、仙人と仏と法への帰依というのもある。僧を含めるようになるのは後世。「サンガ」は仏教独特である。
・初期の仏教教団ではサンスクリットを使うことが禁じられていたが、のちには純サンスクリットの仏典が現われるようになった。
・原始仏教聖典の韻文の部分にはストゥーパ崇拝を説いていないし、またストゥーパになにものかを寄進することを俗人に勧めていない。ストゥーパ崇拝は散文の部分に盛んに現われる。
［結語］
（1）『スッタニパータ』や『相応部』*Sagāthavagga*はアショーカ王以前のものである。
（2）なかでも『スッタニパータ』のなかの「アッタカ・ヴァッガ」と「パーラーヤナ・ヴァッガ」とは釈尊に近い時代の思想をつたえている。
（3）原始仏教聖典のうちの大部分の詩句はアショーカ王以前のものであるらしい。

（4）現存パーリ語聖典たる五ニカーヤ、あるいは漢訳四阿含の原本などは、そのなかにきわめて古い資料を伝えているにもかかわらず、その散文の部分は大体においてアショーカ王以後に作成編纂されたものである。

〔古い詩句に説かれている仏教は、一般の仏教学界で説かれていた原始仏教とはかなり異なるものである〕

（1）いわゆる仏教語とか仏教独特の術語というものはほとんど見当たらない。

（2）いわゆる教義なるものはほとんど説かれず、むしろ懐疑論的な立場に似たものが表明されている。

（3）仏教的なニュアンスが少なくて、むしろアージーヴィカ教やジャイナ教を思わせる文句が少なくない。

（4）修行僧は森や洞窟などのなかにひとり住んでいた。また共同の修行者と一緒に住んでいた者もいたが、しかしいわゆる寺院（精舎）における共同生活はほとんど見られない。

（5）最初期の仏教の修行者の生活は、後代の僧院の修行僧（ビク）のそれとはかなり異なり、むしろ叙事詩に現われる仙人のそれに近い。

（6）最初期には尼僧は存在しなかった。

（7）戒律の箇条の体系はまだ成立していない。

（8）開祖釈尊はすぐれた人間として仰がれ、神格化が徐々に起こりつつあった。

4．増谷文雄の原典批評（『阿含経典1』「総論」、筑摩書房、２０１２年、初出は同出版社、１９７９年）

増谷の論旨は、以下の通りである。

「パーリ律蔵」のなかの「小品」11に「五百（結集）犍度《けんど》」なる1章がある。ここに、いわゆる第1結集（第1合誦）の消息が記されている。

「結集」とは、編集のための集会である。その編集は「合誦」の方法による。マハー・カッサバによって選ばれた500人の比丘たちが、マガダ国の都のラージャガハ（王舎城）に集まり、集会は、城外のヴェーバーラ（毘婆羅）山腹の精舎において行なわれた。

アーナンダが教法の合誦の誦出者に選ばれ、ウパーリが戒律の合誦の誦出者に選ばれた。合誦することによって、みながそれを同一の形式によって、また同一の内容を、おのおの自己の記憶のなかに刻みつけた。この「500結集」は、釈尊の滅後第1年に行なわれた。第1結集はおよそ7カ月にして終わった。

「漢訳四阿含」が包蔵する経数は2479経、パーリ五部が包蔵する経数は、小部経典の15分を除いても、1万7505経に及ぶ。わたしどもは、釈尊の教説の真相にたずねいたろうとするならば、まずこの「漢訳四阿含」ならびに「パーリ五部」にたずねいたるのほかなきことを否むことはできないのである。だが、わたしはあえて申さねばならない。それらの資料もまた、なお、かの原作の真相にたずねいたろうとするにあたっては、まず、厳密なる文献批判が行なわれなくてはならないであろう。それはなにゆえであるか。

それらの経典の集録が、かの「第一結集」に由来するものであることは疑いをいれる余地はない。だが、翻っていえば、かの時に結集され成立したものが、そのまま、今日見るがごとき厖大なる経典群をなしたものとはとうてい考えられない。かの時において編集されたものは、あくまでも、現形のこの経典群の基体をなすものであって、その間には、いくたの変化があり、増大があり、付加があり、あるいは再編集があって、現にみるがごとき「漢訳四阿含」となり、あるいは「パーリ五部」となったものと考えられる。

「漢訳四阿含」のなかの『雑阿含経』、および「パーリ五部」のなかの『相応部経典』が、もっとも素朴な経典の集録であって、そこに原初的な基体に近いものが存すると考えられる。ただし、漢訳『雑阿含経』についていては、その翻訳にあたって、その編成の原形『相応部経典』がいちじるしく崩されており、『雑阿含経』の編集の仕方が、いささかルーズだったのではないか。

『中阿含経』ならびに『中部経典』は、そのいささか増大せられたものということをえるであろう。しかし、その増大の仕方はさまざまであり、また、その目的もけっして一にとどまらない。注目せられることは、これらの経典群には、弟子の所説がおおいことである。

そのような増大・付加の過程がさらに著しく進んで成立したのが、『長部経典』であり、また『長阿含経』である。

これらの諸経における増大・付加は、つまるところ、仏伝に対する関心、法相の体系化に対する関心、ならびに、外道の思想に対する関心から生じた要求であったと知られる。

『増一阿含経』、『増支部経典』についていては、それらの経典群は、すべて数字を規準として編集されたものであった。一から十一にいたるまでの数字をたてて、それによって諸経を分類するというのが、編集様式である。

この理由は、第一には、かの時代の人々のあいだに一般的に存した、数字に対する異常な魅力ということを思い合わせてみなければならないであろう。そして、その第二には、その頃の仏教者たちのあいだに、いわゆる法相・分別のいとなみがしだいに高まり、すでにさまざまの法数・名目が成立していたことが、かかる編集方式の採用される直接の由因であったにちがいあるまい。

それらの経典群は、おそらく、漢訳の「四阿含」およびパーリの「四部」（小部を除く）のなかにおいては、もっとも遅い成立であったように思われる。

それかあらぬか、漢訳の『増一阿含経』の所説には、しばしば大乗仏教の影響がみられる。「大乗」、「小乗」の用語が使われている。『増一阿含経』が大衆部の所属であろうと想定される所以である。「パーリ五部」の最後に配せられる『小部経典』は、「五部」のなかでも、もっとも後時のものと推定せられる。これは漢訳には存在しない。このなかには、『法句経』、『経集』など、原初的なかおりの高い集録も存し、かの原作のすがたを訊ねるうえにも、有力な資料とされる。それらは「偈《げ》（韻文）」をもって、あるいはそれを中心として成っている。これは長行《じょうごう》（散文）と比べて、変化におかされることが少ない。

わたしはいう。わたしどもが、いま、かの釈尊の所説の真相にたずねいたろうとするならば、まず、その『相応部経典』あるいは『雑阿含経』と称せられる経典群にたずねいたるより他はない、と。だがしかし、それらの経典群は、なお厖大である。思うに、かの師が説きおこし、その遺弟たちが合誦し結集したかの原則は、けっしてこのような厖大な経典群をなすものではなかったはずである。とするならば、ここでもまた、原作はすでに、すくなからぬ増大、加上、再編によって侵されたであろうことを否定することができない。かくて、わたしは、その『相応部経典』ならびに『雑阿含経』をも、また、わが批判の対象として取りあげねばならないのである。

以上の宇井、和辻、中村、増谷の原典批評の内容について、今日では問題点も指摘されている。たとえば、仏典のなかで韻文の部分が散文の部分よりも古いとみる中村の論に対して、「かつて中村元らの仏教学者が想定していた、韻文仏典から散文仏典（三蔵）へ発展したという単線的な図式が成り立たない」と批判するのもある（馬場紀寿『初期仏教』第2章、岩波書店、2018年）。中村が「単線的な図式」を示していたかどうかはともかくとして、韻文（詩句）と散文の関係についての中村の論説との関わりで、「韻文は古い、散文は新しい」問題の参考になる研究として、三枝充悳『初期仏教の思想』「序論第二　初期仏教思想研究の方法論」（東洋哲学研究所、1978年）がある。

本書は、宇井、和辻、中村、増谷の原典批評の内容の問題点を意識しつつ、基本的には、これらを参考にしている。このことを前提にしつつ、本書は、特に宇井の「取捨選択の標準」としての「仏陀の根本思想」説は極めて重要な仏教論でもあると考え、これを原典批評の根幹に据えている。また宇井は、「仏陀の根本思想」のなかに、解脱・涅槃の思想、五蘊・縁起の理法、四諦説、八聖道を含めているが、これら自体は各内容の解釈に異同があるものの、一般的に是認され得るものであり、本書でいう「釈尊の根本教説」も、この見地に立っている。資料（経典）の新・古を研究し（これ自体は重要）、かりに新・古を確定しても、「古」が必ずしも釈尊の教説に近接していると断じることはできないのは既に指摘されており（「表はす思想の新古と経の形の新古とは決して常に一致するものではない」宇井伯壽『印度哲学研究』第三「八聖道の原意及び其変遷」）、この点からして、他の原典批評の方法を参照しつつも、「釈尊の根本教説」を原典批評の根幹に据えるのが最も説得力を有していると考えられる。

なお和辻は、宇井の「仏陀の根本思想」論に賛同しつつも、こう述べている。「ブッダの根本思想が知られたと考えらるる以上、さらにまたこの根本思想を標準として資料の批評確定を試みる要はない。目的はすでに達せられた。その目的を手段のために使用する人はあるまい。宇井氏がブッダの根本思想を基礎として涅槃に関する思想の変遷発達を考察したのは、事実上決して『資料の新古を確定するため』の研究とはなっておらない。むしろ資料論がただその準備に過ぎないところの中核の研究、すなわちブッダ自身の涅槃観を明らかにし、そこより出発する思想の変遷をその内面的の糸に沿うてたどるという研究を、経典の解釈に立脚しつつきわめて模範的になし遂げたのである。資料の正しい取り扱いはこの研究の基礎とはなっているが、この研究が資料の正しい取り扱いを明らかにするためのものと考えられぬ」。

しかし、この論は問題である。宇井はただ「ブッダの根本思想」を知るためにのみ、「資料の批評確定」を行なったわけではない。「資料の批評確定」の宇井の主たる目的は、それまで横行していた「阿含を以て仏陀の考を変化なく表はして居ると見たり、阿含のいふ所を其儘取つて之をのみ根拠となして仏陀の真意が知らるるとなしたり、また阿含に述べらるるから梵天などのことも仏陀自身が既に口づからいふたことであるとなしたり、其他の如きことを論断せむとするのは明に阿含が成立するまでの変遷発達并に成立以後の変化を考慮していない議論」を正すためであった。そして、「ブッダの根本思想」が知られても、こうした「議論」が消失するわけではなく、今日まで、絶えずそうした「議論」は出て来ている。また、パーリ文と漢訳の経典はかなりの数にのぼり、そのなかの多くには、「ブッダの根本思想」とそうではない思想が混在している。和辻のいうように、「ブッダの根本思想が知られたと考えらるる以上、さらにまたこの根本思想を標準として資料の批評確定を試みる要はない」ということにはならない。むしろ、今日では、「根本思想を標準として資料の批評確定を試みる要」はますます高まっていると考えられる。

なお、本稿でのパーリ語の初期仏教経典の邦訳は、中村元監修『原始仏典』Ⅰ～Ⅲ（春秋社）、増谷文雄訳『阿含経典』1～3（筑摩書房、これは経典の全訳ではない）、中村元の個別の各単行訳本を参照（他の訳本はその都度、記している）。漢訳仏典は大正一切経刊行会編纂『大正新脩大蔵経』、パーリ語経典はパーリ文献協会（PTS）版を参照。また、仏教研究においては、経典その他の資料の出所は略号で示すのが通例であるが、本書では、一般読者の便宜のため、略号は一切用いていない。

（本文中、敬称略）

第一部　釈尊思想と解脱

第一章　解脱の主体

第1節　「心」は解脱の主体なのか

釈尊思想の究極の実践目的は、現世において解脱し涅槃（泥洹《ないおん》とも漢訳される）に至ることである。「解脱」（パーリ語：vimutti、サンスクリット語：vimukti　mokṣa、〔経典の〕英訳：emancipation）と「涅槃」（パーリ語：nibbāna、サンスクリット語：nirvāṇa、英訳：the final bliss）はほとんど同じ意味であるが（欲望・煩悩を中心とする束縛からの解放の状態・境地）、「涅槃」は釈尊没後の後世において、生前と死後とで区別されるようにもなった。

解脱の主体は何かという場合、「心」が解脱の主体であると論じられる場合がある。たとえば、中村元は、「解脱する主体は何か、というと、心が解脱するのである」とし（中村元「解脱の思想」仏教思想研究会『仏教思想8　解脱』平楽寺書店、１９８２年）、渡辺文麿は、「解脱の主体は心である」と論じる（「パーリ仏教における解脱思想」同上書）。

しかし、ここで注意すべきは、両者が使用している「主体」は、内容的には解脱する能動主体としての意味でなく、解脱の客体としての意味であることである。確かに経典には、心が解脱するという表現がみられるが、それは解脱するのは何かということであり、心が解脱の客体（欲望・煩悩などの所在としての心を解脱させる意）であることを示しているにすぎない。中村が根拠仏典として挙げている『テーラガーター』641では、「妄執の壊滅、心の迷わぬことに専念している人は、個体を構成している種々なる局面の生じ（滅びる）すがたを見て、心は完全に解脱する」と記され（中村訳『仏弟子の告白』岩波書店、1982年）、『テーリーガーター』233では、「けだし、わたしは心を克服しました。超自然力をよく修めました。わたしは六つの神通を現に体得しました。ブッダの教え（の実行）をなしとげました」と記されている（中村訳『尼僧の告白』岩波書店、1982年）。心は明らかに解脱の客体である。渡辺も、「心は、あらゆる束縛（具体的には、苦、諸欲、諸漏等）から解脱する」とまとめている。

中村と渡辺は、「解脱する主体は心である」ということを上の趣旨で用いている。とすれば、ここで中村と渡辺のように、「主体」という概念を使用するのは誤解を招きかねず、妥当ではない。解脱の思想を的確に理解するには、心はあくまでも解脱の客体であるとすべきであろう。また、欲望・煩悩から解脱するという場合の欲望・煩悩は、解脱の対象（欲望・煩悩から解脱する意）である。

心は解脱の客体であることを示す経典をいくつかみてみる。

釈尊は五蘊（色、受、想、行、識：五蘊の内容は後述）のそれぞれについての心の解脱をこう説いている（『相応部経典』「蘊相応・喜びが尽きて」、（存在の構成要素についての集成・喜びが尽きる）。なお、「　」内は増谷・筑摩書房版の標題、（　）内は中村・春秋社版の標題。以下同様）。

「比丘たちよ、もし比丘が、無常なる色を無常であると見るとき、その時、彼は正見にいたる。正しく見れば、おのずから厭う心が生ずる。そして、喜ぶ心がなくなるから、貪りがなくなる。また、貪りがなくなるから、喜ぶ心がなくなる。かくして、心が喜び身体が燃えることがなくなるゆえに、心が自由となる。これを、よく解脱せるものというのである。」以下、受、想、行、識について、同様の趣旨。

悪魔と釈尊の間のこういう対論がある（『相応部経典』「悪魔相応・意」、〈悪魔についての集成・こころ〉、漢訳『雑阿含経』「羂撿」）。

（悪魔）
「天地を駆け回る心こそは
虚空にかけたるわなである
われはそのわなをもて汝を縛する
沙門よ、汝はいまだわれより免れず」
（釈尊）
「色と声と香と味と触と
それら五つの楽しき対象も
われをいささかも欲することなし
破壊者よ、汝は敗れたのだ」

また、小部経典の『テーラガーター』１０９１〜１１４５は、心が解脱の客体であることを生き生きと語っている。この中のいくつかを示す。

１１２５「愛執、無知、いろいろの快いことから、快適ないろ・かたち、楽しい感受、心にかなう欲望の対象――これらを、すべて捨て去った。わたしは、すでに捨て去ったもののところに、帰るわけにはいかない。」

１１２８「ひとえにそなた（注：心を指す）の故に、われらは阿修羅となる。そなたの故に、われらは地獄の衆生となる。またいつかは、畜生となる。餓鬼の身を受けることもまた、ひとえにそなたの故である。」

１１３４「厭わしいかな！　厭わしいかな！　心よ。そなたは、わたしにさらに何をしようとするのだ？　心よ。もはやわたしはそなたの支配には従わない。」

１１４１「強靭な縄で象を縛りつけるように、わたしはそなたを瞑想の対象に力ずくで縛りつけよう。そなたは、わたしにしっかりと護られ、正しい念いによってよく修養され、一切の生存に依拠しないものとなるであろう。」

第２節　解脱の主体は「自己」

それでは、解脱の主体とは何であるのか。これは、解脱の能動主体、実践主体を意味する。換言すれば、悟（覚）る主体であり、涅槃に至る主体である。具体的には、何を指すのか。これは能動主体、実践主体としての「自己」を指し、「無我（パーリ語：anattan、サンスクリット語：anātman）」の理法と関係する「我」を意味しない（中村元は「非我」と訳すが、非我と無我は同じ趣旨とする、『原始仏典』Ⅱ第1部第3章、筑摩書房、２０１１年）。「自己」も「我」もパーリ語で同じattan（サンスクリット語でātman、英訳：self）であるが、中村が論じるように（『原始仏教の思想Ⅰ』第5章「自己の探求」、『中村元選集［決定版］』第15巻、春秋社、１９９３年）、attanには「自己」と「我」の二種の意味がある。

解脱の能動主体、実践主体としての自己（attan）について、初期経典に沿って考えてみる。なお、（　）内はパーリ語。以下、同様。サンスクリット語の場合は、特にそう記す。

釈尊は、しばしば、自己（attan）を洲（dīpa）とし、自己を依処《よりどころ》（saraṇa）として、他人を依処とせず、法（dhamma）を洲とし、法を依処として、他を依処とせずして修行することを説いている（たとえば、『相応部経典』「蘊相応・自洲」、〔存在の構成要素についての集成・自分を島とすること〕、漢訳『雑阿含経』「十六比丘」）。

次の経典がある（『相応部経典』「念処相応・チュンダ」、〔「四つの専念の確立」に関する集成・チュンダ〕、漢訳『雑阿含経』「純陀」）。

アーナンダは、良き助言者であったサーリプッタの病死を悲しんで、釈尊に述べた。

「大徳よ、長老サーリプッタは、わたしにとって、よき助言者であり、すでに確立した人であり、教えてくれる人であり、目を醒してくれる人であり、励ましてくれる人であり、喜んでくれる人であって、法を説いて倦むことなく、おなじ道を行くものを助けてくれました。だから、わたしどもは、長老サーリプッタによって見せられた法の力、法のよろこび、法のめぐみを忘れることができません。」

これに対して、釈尊はこう答えた。

「アーナンダよ、わたしは、かねがね汝らに説いたではないか。〈すべて愛楽するところのものは、移ろい、離れ、別れねばならない〉と。アーナンダよ、生じたもの、成れるものは、造られたるものにして、また壊滅するものを、壊滅せしめざらんとしても、どうしてそんなことができようか。そんなことは、できる道理がありえないのである。」「アーナンダよ、だからして、自己を洲とし、自己を依処として、他人を依処とせず、法を洲とし、法を依処として、他を依処とせずして住するがよい（相当する漢訳経典の漢訳文「是故汝等当知自洲以自依。法洲以法依。不異洲不異依」：『雑阿含経』第639経、数字は『大正新脩大蔵経』における経の通し番号、以下同様）。」「アーナンダよ、まことに、今においても、また、わが亡きのちにおいても、自己を洲とし、自己を依処として、他人を依処とすることなく、法を洲とし、法を依処として、他を依処とすることなくして住するであろう者は、アーナンダよ、かかる者は、学ばんことを欲するわが比丘のなかにおいて、その最高処にあるであろう。」

ここで注意すべきは、解脱のために自己を洲とし、自己を依処として、他人を依処とせず、法を洲とし、法を依処として、他を依処とせずして修行するのは、「今においても、また、わが亡きのちにおいても」そうであるべきと釈尊が説いていることである。解脱のために自己と法を依処とすべきとすることは、釈尊の没後も一貫して保持されるべき重要な教説であることを示している。

釈尊は80歳の時、ヴェールヴァナ村での「雨安居《うあんご》」（雨季に外で行脚せず屋内で修行すること）の間に重い病にかかったが、この時は病を克服した。その際の説法は、釈尊の最後のそれとして、極めて重大な意義がある。ここにおいても釈尊は、自己を洲とし法を洲とし、自己を依処とし法を依処として修行に努めることを繰り返し説いている。次のような内容である（『相応部経典』「念処相応・病」、〔「四つの専念の確立」に関する集成・病人〕）。


アーナンダは釈尊に申し上げた。

「大徳よ、世尊の病まれました時には、まったく、わたしの身体は酔ったようになりました。まったく、わたしは、どうしてよいかわからなくなりました。まるで、四方のものが見えなくなったように思いました。だが、しかし、大徳よ、わたしは、〈世尊は、比丘僧伽のことについて、なんらかのお言葉があるまでは、けっして逝かれるはずはあるまい〉と思った時、いささか安堵いたしました。」

釈尊は答えた。

「アーナンダよ、比丘僧伽がいまわたしに何を期待するのであるか。アーナンダよ、わたしは、内外の区別なく法を説いた。アーナンダよ、わたしの教法には、教師の握拳《あつけん》はない。アーナンダよ、もし人が、〈わたしが比丘僧伽を統べよう〉とか、あるいは、〈比丘僧伽はわたしの指導のもとにある〉とか考えているのだったら、その人は、比丘僧伽について言うべきこともあろう。だが、アーナンダよ、わたしは、〈わたしが比丘僧伽を統べよう〉とも、〈比丘僧伽はわたしの指導のもとにある〉とも考えてはいない。だから、アーナンダよ、如来は比丘僧伽について言うべきことがあるであろうか。

また、アーナンダよ、わたしは、いまや老い衰えて、年をとった。久しく生きた。齢を重ねて、もう人生の終りである。わたしの齢はもう80歳である。アーナンダよ、たとえば、古くなった車は革紐のたすけによって行くがごとく、アーナンダよ、わたしの身体もまた、革紐のたすけによって行くようなものである。

アーナンダよ、わたしは、なにごとも考えず、なにものも感じないで、心が無相の三昧に入って住する時、そのような時こそ、わたしはいちばん安らかである。だからして、自己を洲とし、自己を依処として、他人を依処とすることなく、法を洲とし、法を依処として、他を依処とすることなくして住するがよい。

では、アーナンダよ、比丘は、どのようにして、自己を洲とし、自己を依処として、他人を依処とすることなく、法を洲とし、法を依処として、他を依処とすることなくして住することを得るであろうか。

アーナンダよ、ここに比丘があり、彼は、わが身において、熱心に、正念に、正知にしてその身を観じ、貪欲より起るこの世の憂いを調伏して住する。また受（感覚）において、熱心に、正念に、正知にしてその受を観じ、心において、熱心に、正念に、正知にしてその心を観じ、また、法において、熱心に、正念に、正知にしてその法を観じ、貪欲より起るこの世の憂いを調伏して住するのである。

アーナンダ、このようにして、比丘は、自己を洲とし、自己を依処として、他人を依処とすることなく、法を洲とし、法を依処として、他を依処とすることなくして住するのである。

アーナンダよ、まことに、今においても、また、わが亡きのちにおいても、自己を洲とし、自己を依処として、他人を依処とすることなく、法を洲とし、法を依処として、他を依処とすることなくして住するであろう者は、アーナンダよ、かかる者は、学ばんことを欲するわが比丘のなかにおいて、その最高処にあるであろう。」

ここにおいて釈尊は、「今においても、また、わが亡きのちにおいても」、自己を洲とし法を洲とし、自己を依処とし法を依処として修行に努めることを説いているが、これは釈尊の没後における釈尊の神格化を否認していると解することもできる。また、釈尊が比丘集団を統率する特別な地位にあることも自ら否定している。また、釈尊が、「アーナンダよ、比丘僧伽がいまわたしに何を期待するのであるか。アーナンダよ、わたしは、内外の区別なく法を説いた。アーナンダよ、わたしの教法には、教師の握拳はない」と説いていることも重要な意義がある。「教師の握拳」(ācariyamuṭṭhi)とは、教師が根本教説を奥義として容易に弟子に明かさないことであるが、ここで釈尊は、これを明確に否定し、また外部への秘密主義も排して内外の区別なしに法を説いたと述べている。釈尊は、神秘主義的、秘密主義的な説法者ではないのである。

釈尊思想に基づけば、そもそも自己の欲望(煩悩)から解脱して悟りを得るのは、自分自身が正しい修行をすることを通してこそ可能であるのである。解脱したいという単なる願望では悟りは得られない。このことを釈尊は、卵は鶏が正しく抱かないと孵化しないという譬えをまじえて、次のように説いている(『相応部経典』「蘊相応・手斧の柄」、〔存在の構成要素についての集成・斧の柄〕、漢訳『雑阿含経』「応説」)。

「比丘たちよ、だが、もし、比丘にして修習するに精進することがなかったならば、〈わが心取著するところなくして、もろもろの煩悩より解脱してあれ〉と望むといえども、その心は、取著するところなく、もろもろの煩悩より解脱してあることはできないであろう。

それは何故であろうか。それは修習しないからであるといわねばならない。では、なにを修習しないのであるか。四つの熱心な観想(四念処)を修習せず、四つの正しき精進(四正勤)を修習せず、四つの意志力の修練(四如意足)を修習せず、五つの能力の修練(五根)を修習せず、五つの能力の実現(五力)を修習せず、七つの観察(七覚支)を修習せず、また、八つの正しい実践(八正道)を修習しないからである。

比丘たちよ、それは、たとえば、八つ、もしくは十、もしくは十二の鶏の卵があっても、鶏がそれを正しく抱かず、正しく煖めず、正しく孵化しないようなものである。

その鶏は、〈どうか雛が、足か爪か鶏冠か嘴で、卵の殻を破って、安全に生れ出るように〉と望むといえども、かの雛は、足か爪か鶏冠か嘴で、卵の殻を破って、安全に出生することはできないであろう。」

「比丘たちよ、そのように、もし比丘にしてよく修習してあるならば、たとい〈わが心取著するところなくして、もろもろの煩悩より解脱したいものだ〉と願わずとても、その心は、おのずから、取著するところなくして、もろもろの煩悩より解脱することをうるであろう。」

この経は整理された理論的内容を含んでおり、後世の手が加わっていると考えられるが、解脱のために自己と法を依処として正しく修行するという釈尊の教説の要点をしっかりと押さえている。

第3節　「ひとり離れて修行し歩く」ことと「善友をもつ」こと

解脱のために自己を洲とし、自己を依処として、他人を依処とせず、法を洲とし、法を依処として、他を依処とせずして修行することは、「ひとり離れて修行し歩く」ことと関係する。

『スッタニパータ（経集）』（邦訳は、講談社版『原始仏典』第7巻「ブッダの詩1」（1986年）、中村元訳『ブッダのことば』岩波書店、1984年を参照）のなかに、釈尊の生の声のように感じられる経がある。「一角の犀」と称せられる経である（注：インドの犀は一角）。ここにおいて、釈尊は、解脱のために修行する者は、「ひとり離れて修行し歩くがよい」と繰り返し説いている。

35「あらゆる生き物に対して暴力をふるうことをすっかり放棄してしまい、いかなる生き物にも危害を加えることのないひとが、自分の息子をほしいと思うことすらあってはならぬ。ましていわんや一緒に修行してくれる仲間などいらぬ。ひとり離れて修行し歩くがよい、あたかも一角の犀そっくりになって。」

36「一緒にいて人間関係が生じてくると、つきまとう愛着が生じてくる。いまここなる苦悩は、つきまとう愛着の結果として起こってくる。いろいろな不幸が、つきまとう愛着からこそ生ずることを深く熟慮して、ひとり離れて修行し歩くがよい、あたかも一角の犀そっくりになって。」

43「ある種の出家者たちも、また家庭生活にとどまる在家者たちも、われわれと同じような少欲知足の修行生活に導き入れることが難しい。他の種類のひとびとにやたらにかかわりたがることをやめて、ひとり離れて修行し歩くがよい、あたかも一角の犀そっくりになって。」
60「息子をも、妻をも、父をも母をも、金銀財宝や米穀をも、親類縁者をも、各人、自らに関係するかぎりのさまざまな欲望の対象をも放捨してしまい、ひとり離れて修行し歩くがよい、あたかも一角の犀そっくりになって。」

また、原初的雰囲気を有する『ダンマパダ』（法句経）においても、釈尊のこういう詩句がある（邦訳は友松圓諦訳、講談社、1975年を参照）。
160「おのれこそ　おのれのよるべ　おのれを措《お》きて　誰によるべぞ　よくととのえし　おのれにこそ　まことえがたき　よるべをぞ獲ん。」
165「おのれあしきを作《な》さば　おのれけがる　おのれあしきを作さざれば　おのれ清し　けがれと清浄とは　すなわち　おのれにあり　いかなるひとも　他人をば清むる能わず。」
305「ひとり座し　ひとり臥し　ひとり遊行して　うむことなし　ひとり自己《おのれ》を　ととのえ　林間《このま》にありて　心たのしむ。」
353「我は一切《すべて》に克てり　すべてを知り　すべての法《もの》に　染めらるるなし　すべてをすて　愛欲は尽き　こころ解脱せり　われはひとり自ら覚る　また誰にかつかん。」
380「おのれこそ　おのれの救主《あるじ》　おのれこそ　おのれの帰依《よるべ》　されば　まこと　商侶《あきゅうど》の　良き馬を　ととのうるがごとく　おのれを制《ととの》えよ。」

他方で、釈尊は「善友」をもつことを勧めている。これは、「ひとり離れて修行し歩くがよい」という教説といかなる関係にあるのか。釈尊はこういうことを語っている（『相応部経典』「道相応・善友」、〔「道」に関する集成・導いてくれる友人のあること〕）。

「比丘たちよ、朝、陽の出づるにあたっては、まず東の空があかるくなってくる。すなわち、東の空があかるくなるのは、朝陽の出づるきざしであり、その先駆である。比丘たちよ、それとおなじように、比丘たちが聖なる八支の道をおこすときにも、その先駆があり、そのきざしがある。それは善き友をもつということである。」

釈尊は、善友をもつことは、修行の「先駆」、「きざし」となると考えている。重要なのは、その後である。釈尊は続けてこう説いている。「比丘たちよ、だから、善き友をもった比丘は、彼がやがて聖なる八支の道を習い修め、さらにいくたびとなく、聖なる八支の道を修するであろうことが、期して俟たれるのである。」

「善友をもつ」と「ひとり離れて修行し歩くがよい」の二つの教説は矛盾するものではない。先駆・きざしとしての善友をもったあとの比丘は、自己と法を依処として八支の道の修行を実践するのである。自己と法を依処とした修行の「究極の目標」は、八正道（正見＝正しい見方、正思＝正しい思い、正語＝正しい言葉、正業＝正しい行為、正命＝正しい生き方、正精進＝正しい努力、正念＝正しいことに念いをこらす、正定＝正しいことに心を専注する）による「貪欲の調伏」、「瞋恚の調伏」、「愚痴の調伏」である。

「比丘たちよ、ここにおいて比丘は、貪欲の調伏を究極の目標となし、瞋恚の調伏を究極の目標となし、愚痴の調伏を究極の目標となす正見を習い修める。また、貪欲の調伏を究極の目標となし、瞋恚の調伏を究極の目標となし、愚痴の調伏を究極の目標となす正思を習い修める。また、貪欲の調伏を究極の目標となし、瞋恚の調伏を究極の目標となし、愚痴の調伏を究極の目標となす正語を習い修める。また、貪欲の調伏を究極の目標となし、瞋恚の調伏を究極の目標となし、愚痴の調伏を究極の目標となす正業を習い修める。また、貪欲の調伏を究極の目標となし、瞋恚の調伏を究極の目標となし、愚痴の調伏を究極の目標となす正命を習い修める。また、貪欲の調伏を究極の目標となし、瞋恚の調伏を究極の目標となし、愚痴の調伏を究極の目標となす正精進を習い修める。また、貪欲の調伏を究極の目標となし、瞋恚の調伏を究極の目標となし、愚痴の調伏を究極の目標となす正念を習い修める。また、貪欲の調伏を究極の目標となし、瞋恚の調伏を究極の目標となし、愚痴の調伏を究極の目標となす正定を習い修めるのである。」

もっとも、釈尊が「善友」をもつことを勧めた理由は、修行の「先駆」、「きざし」としてのみではなかったことも考えられ得る。釈尊の伝道当初はともかくとして、伝道の拡大とともに、出家者集団である比丘僧伽《さんが》も増大していった。そうなると、修行に熱心でない比丘が出て来るようになるのは、普通の現象である。

出家しているのに外界に心を走らせる比丘、昼休みの休憩の時間に眠る比丘、しばしば在家に到って雑談をする比丘、元妻に娘のいる家に戻って来るように語りかけられる比丘、朝早く村に入って在家とまじわり午後遅く林に帰る比丘、同じ在家者の家をしばしば訪れて入り浸る比丘、森のなかに住して寂寥を覚える比丘、誦経につとめない比丘、さまざまな善からぬ思いにふける比丘、心騒がしく軽佻にして口数おおく無駄口をたたく比丘の実例を挙げ、釈尊は天神に仮託して彼らに警告している（『相応部経典』「森相応」、〈林に関する集成〉に詳しい）。

比丘であれば、みなが修行に励むということにはならない。多数の比丘のなかには修行仲間に悪影響を与える者も出て来るようになっている。釈尊が「善友」をもつことを勧めた背景には、こうした実情もあったのかもしれない。

既述の『スッタニパータ』に、釈尊のこういう言葉がある。

「どうでもいいことばかり教えてくれて、種々雑多な世間のことごとにうき身をやつしているような悪友からきっぱりと縁をきって遠ざけるようにするがよい。何らかのドグマを信じ込んでいたり、あれやこれやにひかれて修行が専一でないようなひとに、こちらから進んで交友してはいけない。かくしてひとり離れて修行し歩くがよい。あたかも一角の犀そっくりになって。」「いかにも完全無欠な友があるというのであれば、わたしとて大いに賞賛する。よりすぐれた友もしくは同等なる友には、親しく敬事しなくてはならぬ。しかしそのようなひとびとが得られないのであれば、罪過のとがめなき修行生活を守って、ひとり離れて修行し歩くがよい。あたかも一角の犀そっくりになって。」

自己を洲とし自己を依処とし、法を洲とし法を依処として修行することとの関係で、注意すべき経典がある。出家の道は「自己一人」のためのものかどうか、という問題に焦点を当てた経典である（『増支部経典』「サンガーラヴァ」、〈バラモンの章〉）。

バラモンのサンガーラヴァという若者が、釈尊に問うた。

「友ゴータマよ、われらはバラモンでありまして、みずから供犠《くぎ》をいとなみ、また他の人々をして供犠をいとなましめます。友ゴータマよ、そのように、みずから供犠をいとなみ、また他の人々をして供犠をいとなましめることは、それはすなわち多くの人々のための福《さいわ》いを修することであります。それが供犠というものであります。しかるに、友ゴータマよ、あなたの弟子たちは、鬚髪を剃りおとし、僧衣をまとい、良家より出家して家なきものとなり、自己一人を調御し、自己一人を安らげ、自己一人の苦愁を滅するという。かくのごとくなれば、出家の道はすなわち一人のための福いの道でございましょう。」

釈尊が答えた。

「バラモンよ、しからば、そのことにつき、わたしから、そなたに問いたい。そなたの思うがままに答えるがよい。バラモンよ、そなたは、このことをいかに思うか。この世に如来・応供・正等覚者・明行足・善逝・世間解・無上士・調御丈夫・天人師・仏・世尊があらわれ、彼はかくのごとく説く。いわく、〈これが道である。これが実践である。わたしは、この道をゆき、この実践をおさめて、無上の梵行の消息を、自ら知り、証し、そして説いていう。《来れ、汝らもまたこのように修行せよ。汝らもまた修行して、無上の梵行の消息を、自ら知り、証し、その身に具するがよい》と〉。そのように、この師が法を説き、そして、他の人々もおなじように修行し、それらが数百、数千、数万にいたるならば、バラモンよ、そなたはこれをいかに思うであろうか。以上のごとくであるときにも、なお出家の道は一人のための福いの道であろうか。それとも、多くの人々のための福いの道であろうか。」

サンガーラヴァが答えた。

「友ゴータマよ、そのようであるとするならば、出家の道は、多くの人々のための福いの道であります。」

このバラモンの答えは、釈尊の言葉の内容からして、必ずしも正確ではない。出家の道は「一人のための福いの道」であると同時に、「多くの人々のための福いの道」であると答えるべきであった。出家修行は、究極的には、自分自身が自己を洲とし法を洲とし、自己を依処とし法を依処として修行に努め、そうして解脱し、涅槃に至る道である。この意味では、出家の道は「一人のための福いの道」である。同時に、出家・修行・解脱・涅槃の道を導師として他の多くの人々に説き、これを承けて他の人々も自己を洲とし法を洲とし、自己を依処とし法を依処として修行に努め、そうして解脱し、涅槃に至るのである。この意味では、出家の道は「多くの人々のための福いの道」でもあるのである。釈尊自身がこの道を実践した。（なお、上述のバラモンの答えには大乗仏教の影響があるのかもしれない。この経を含む『増支部経典』は遅くに成立したものであり、この経典には大乗仏教の影響がみられるといわれる。本書序説での「増谷文雄の原典批評」を参照。）

これは、上の経典のなかでの「これが道である。これが実践である。わたしは、この道をゆき、この実践をおさめて、無上の梵行の消息を、自ら知り、証し、そして説いていう。《来れ、汝らもまたこのように修行せよ。汝らもまた修行して、無上の梵行の消息を、自ら知り、証し、その身に具するがよい》と」という言葉の意味と合致する。

さらに看過すべきでないのは、この経典が、「如来・応供・正等覚者・明行足・善逝・世間解・無上士・調御丈夫・天人師・仏・世尊」を「師」と表現していることである。つまり、救済者でなく導師であるのである。導師は、解脱・涅槃に至る道＝法を教えるのみであり、実際に解脱・涅槃に至るのは教えを承けた者たちが修行することによる。このことは、『中部経典』「算数目犍連経」（算数目犍連経）における釈尊とモッガッラーナ・バラモンの次のような対話の趣旨とも合致する。

モッガッラーナは、釈尊にこう尋ねた。

「どうなのですか。ゴータマさんの弟子たちは、ゴータマさんからそのように導かれ、そのように教えられているわけですが、皆が皆、究極の目標である寂静の境地（漢訳では「涅槃」：『中阿含経』「算数目犍連経」）に至るのでしょうか。それとも、一部の者は至らないのでしょうか。」

「バラモンよ、わたしの弟子のある者たちは、このように導かれ、このように教えられて、究極の目標である寂静の境地に至りますが、また、ある者たちは至ることがありません。」

「ゴータマさん、いったい、なにが原因なのですか。どうした訳なのですか。寂静の状態が存在し、寂静の状態に至る道も存在し、教導者であるゴータマさんもいるのに、ゴータマさんの弟子たちが、ゴータマさんからそのように導かれ、そのように教えられながら、ある者は究極の目標である寂静の境地に至るが、ある者は至らないというのは。」

釈尊はここで、ある男が釈尊にラージャガハ（王舎城）へ行く道を問うたので、その道を教えてやったが、その男は間違った道をとったので、ラージャガハにたどりつけなかったという喩え話を出したうえで、こう説いた。

「バラモンよ、それと同様に、寂静の状態は存在し、寂静の状態に至る道も存在し、教導者（漢訳では「導師」）であるわたしもおり、しかも、わたしの弟子たちは、わたしからこのように導かれ、このように教えられていながら、ある者は究極の目標である寂静の境地に至るのですが、ある者は至ることがないのです。そのことについて、わたしになにができましょう。バラモンよ、如来は道を説き示す者なのです。」

第二章　何から解脱するのか

何から解脱するのかについて、釈尊の教説は、究極的には、欲望（āsava, kilesa, chanda, ālaya）からの解脱と輪廻（saṃsāra）の観念からの解脱に収斂される。輪廻の観念からの解脱は第二部で論じるので、ここでは、欲望からの解脱のみを考察する。

第1節　いかなる欲望から解脱するのか

釈尊の弟子たちは、欲望（煩悩）の焔に苦悩し、それから解放されるために修行していた。しかし、その解放は容易なことではなかった。

あるとき、長老ヴァンギーサは、胸のうちに懊悩を生じ、欲望のたかぶりがその心を汚す思いに駆られるのを恐れ、長老アーナンダに助けを求めた（『相応部経典』「婆耆沙長老相応・アーナンダ」、〈ヴァンギーサ長老についての集成・アーナンダ〉、漢訳『雑阿含経』「欲結」）。

ヴァンギーサが偈でもって言った。

「われはいま欲想のために焼かる
わがこころに燃ゆる思いがあり

友アーナンダよ、われを憐れみて
この炎を消す法を説きたまえ」
アーナンダは偈でもって応えた。
「汝の心の燃ゆる思いは
顛倒の想によりて起るなり
うるわしき姿の者を見るなかれ
そが欲の思いを呼び起こすなり
よろずのものを無常と観るがよい
苦なり、我にはあらずと観るがよい
大いなる貪りの炎を消すがよい
いくたびも焼かるることなかれ
心を一処にとどめて静かならしめ
不浄観によりて心を修めるがよい
この身は不浄なりと観察して
厭うこころに満ちてあるがよい
よろずのものまぼろしのごとしと観じて
高慢の根元を断ちきるがよい
その慢心のありようを観察すれば

快く寂静なることをうるであろう」

ここでは、「心の燃ゆる思い」、「貪りの炎」、「高慢」から解脱することが、アーナンダによって説かれているが、釈尊はしばしば、「名」（nāma）、「心」（citta）、「渇愛」（taṇhā）は、「すべてのものを隷属せしむるなり」として、それらに執著せず、それらから解脱することを説いている。

一人の天神が釈尊に偈でもって言った。

「なにものかすべてに勝り
それに勝れるもののなきや
すべてに勝れる一つのものの
すべてを隷属せしむるはなにぞ」

釈尊も偈でもって応じた。

「名というものはすべてに勝り
これに勝れるものはあらじ
ただ一つこの名なるものありて
すべてのものを隷属せしむるなり」

天神は歓喜して偈でもって応じた。

「まことと久々にしてわれは見たり

いかなるものにも依らず求めず
世の執著を超えきたりて
彼岸にいたれる婆羅門を」

（『相応部経典』「諸天相応・名」、〔神々についての集成・名〕、漢訳『雑阿含経』「最上勝」）

一人の天神が釈尊に偈でもって言った。

「この世はなににによりて動かされ
また、なににによりて悩まさるるや
なんぞただ一つのもののありて
すべてのものを隷属せしむにや」

釈尊も偈でもって応じた。

「この世は心によりて動かされ
また、心によりて悩まさるる
ただ心なる一つのものありて
すべてのものを隷属せしむるなり」

（『相応部経典』「諸天相応・心」、〔神々についての集成・心〕、漢訳『雑阿含経』「意」）

一人の天神が釈尊に偈でもって言った。

「この世はなにによりて動かされ
また、なにによりて悩まさるるや
なんぞただ一つのもののありて
すべてのものを隷属せしむにや」
釈尊も偈でもって応じた。
「この世は渇愛によりて動かされ
また、渇愛によりて悩まさるる
ただ渇愛なる一つのものありて
すべてのものを隷属せしむるなり」

（『相応部経典』「諸天相応・渇愛」、〔神々についての集成・妄執〕）

一人の天神が釈尊に偈でもって言った。
「この世はなにによりて縛せらるるや
世の人々はなにを求めて彷徨《さまよ》うや
いかなるものをよく断除せば
涅槃を得たりというべきや」
釈尊も偈でもって応じた。
「世間は欲楽によりて縛せらるる

人々はただ享楽を求めて歩く
よく渇愛を離れたるとき
涅槃を得たりというべきなり」

（『相応部経典』「諸天相応・結」、〔神々についての集成・束縛の絆〕、漢訳『雑阿含経』「縛」）

また釈尊は、「六触処《そくしょ》」（六つの人間の感覚：色、声、香、味、触、法）は「この世の恐るべき餌」であり、この六触処から解脱することを説いている（『相応部経典』「悪魔相応・処」、〔悪魔についての集成・認識の領域〕、漢訳『雑阿含経』「入処」）。

「色（物体）も声も香も味も
もしくは触（感触）もはた法（観念）も
すべてこの世の恐るべき餌《えさ》にして
そこにいたって人々は惑う
されど、仏陀の弟子たちは
正念にしてこの餌を見抜き
はるかに悪魔の領域をこえて
太陽のごとくに輝くなり」

釈尊は、異なった観点から、「恐ろしいもの」として「利得」、「尊敬」、「名声」を挙げている。これらも解脱を妨げる欲望の範疇のものである（『相応部経典』「利得と供養相応・恐ろし」、〔利得と尊敬の集成・恐ろしいもの〕）。

世尊はこう説いた。

「比丘たちよ、利得と尊敬と名声とは恐ろしいものであり、激しいものであり、粗暴なものであり、無上の安穏を具現するための障害である。

それゆえに、比丘たちよ、このように学ぶべきである。『すでに生じた利得と尊敬と名声とをわたしたちは捨てよう。未だ生じていない利得と尊敬と名声とにこころを占拠されずにいよう』と。」

第2節　五蘊との関係での欲望からの解脱

釈尊は、理法として、五蘊（pañca-khandha、英訳：five aggregates）、すなわち、「色（肉体）」（rūpa、英訳：form、figure）、「受（感覚）」（vedanā、英訳：sensation）、「想（表象）」（saññā、英訳：sense）、「行（意志）」（saṅkhāra、英訳：mental coefficients）、「識（意識）」（viññāṇa、英訳：consciousness）との関係で欲望から解脱することを説いているのが多い。「蘊」（khandha）は集まり、積集を意味する。五蘊は人間の構成要素である。

五蘊において、「心が喜び」（喜）、「身体がもえる」（貪）ことから解脱することを説いている経がある（『相応部経典』「蘊相応・喜び尽きて」、〔存在の構成要素についての集成・喜びが尽きる〕）。

「比丘たちよ、もし比丘が、無常なる色（肉体）を無常であると見るとき、その時、彼は正見にいたる。正しく見れば、おのずから厭う心が生ずる。そして、喜ぶ心がなくなるから、貪りがなくなる。また、貪りがなくなるから、喜ぶ心がなくなる。かくして、心がよろこび（喜）、身体がもえる（貪）ことがなくなるゆえに、心が自由となる。これを、よく解脱せるものというのである。」以下、無常なる受（感覚）、無常なる想（表象）、無常なる行（意志）、無常なる識（意識）について、同じ趣旨。

また、五蘊に近づくものは解脱しない、五蘊に近づかないものは解脱すると説いている経がある（『相応部経典』「蘊相応・近づく」、〔存在の構成要素についての集成・執着〕、漢訳『雑阿含経』「封滞」）。

「比丘たちよ、近づくものは解脱しない。近づかないものは解脱する。

比丘たちよ、色（肉体）に近づけば、意識がそれにひっかかって動かなくなり、色を楽しみ、色を依りどころとして、喜びを追求しつづけ、それがさらに生育し、成長し、広大なるにいたるであろう。

比丘たちよ、受（感覚）に近づけば、意識がそれにひっかかって動かなくなり、受を楽しみ、受を依りどころとして、喜びを追求しつづけ、それがさらに生育し、成長し、広大なるにいたるであろう。

比丘たちよ、想（表象）に近づけば、意識がそれにひっかかって動かなくなり、想を楽しみ、想を依りどころとして、喜びを追求しつづけ、それがさらに生育し、成長し、広大なるにいたるであろう。

比丘たちよ、行（意志）に近づけば、意識がそれにひっかかって動かなくなり、行を楽しみ、行を依りどころとして、喜びを追求しつづけ、それがさらに生育し、成長し、広大なるにいたるであろう。

比丘たちよ、もし人ありて、〈われは、色とは別に、受とは別に、想とは別に、また行とは別に、なお、識（意識）の来往、生滅、あるいは、生育、成長、広大を説明してみせよう〉といったとしても、そんなことができる道理はない。

比丘たちよ、もし比丘が、すべて色（肉体）にたいする貪りを放棄するならば、その貪りの放棄によって、識の足場は断たれる。だから、もはや、識のよって立つところはない。もし比丘が、すべて受（感覚）にたいする貪りを放棄するならば、その貪りの放棄によって、識の足場は断たれる。だから、もはや、識のよって立つところはない。もし比丘が、すべて想（表象）にたいする貪りを放棄するならば、その貪りの放棄によって、識の足場は断たれる。だから、もはや、識のよって立つところはない。もし比丘が、すべて行（意志）にたいする貪りを放棄するならば、その貪りの放棄によって、識の足場は断たれる。だから、もはや、識のよって立つところはない。また、すべて識（意識）にたいする貪りを放棄するならば、その貪りの放棄によって、その足場は断たれる。だから、もはや、識のよって立つところはないのである。

かくて、よって立つところがないゆえに、識はもはや生育することなく、作用をいとなむことがないので、まったく自由である。自由であるから安住する。安住するからおのずからにして足り、自足するがゆえに恐るるところがない。恐るるところがないからして、おのずからにしてまったく完璧となり、〈わが迷いの生はすでに尽きた。清浄の行はすでに成った。作《な》すべきことは弁じた。もはや迷いの生涯を繰返すことはない〉と知るのである。」

さらに、五蘊の「愛すべき味い」から解脱することを説いている経がある（『相応部経典』「蘊相応・七つの点」、〈存在の構成要素についての集成・七つのこと〉、漢訳『雑阿含経』「七処」）。

「色（肉体）を知り、色の生起を知り、色の滅尽を知り、色の滅尽にいたる道を知る。また、色の愛すべき味いを知り、色のおそるべき禍いを知り、色を出離すべきことを知る。」

「色によって生ずる楽しみと喜びとは色の愛すべき味いである。また、その色の無常・苦にして移ろい変るものであること、それが色のおそるべき禍いである。そして、色における欲の貪りを断滅し、欲の貪りを捨棄すること、それが色の出離である。」

「よく色を厭い離れ、よく貪りを離れ、よくその滅尽にいたるならば、彼はもはや取著するところなきによって自由となり、よく解脱せるものとなる。そして、よく解脱すれば、その人はすでに完成したのであり、完成すれば、その時もはや輪廻などというものはありえないのである。」以下、受、想、行、識について、同じ趣旨。

この経は、五蘊の「愛すべき味いを知り」、五蘊を「出離すべきことを知る」ことを説いている。五蘊の「愛すべき味い」とは、五蘊によって生ずる「楽しみと喜び」であり、五蘊の「おそるべき禍い」とは、五蘊の「無常・苦にして移ろい変るものであること」である。つまり、五蘊は「愛すべき味い」ではあるが、本質的には、「おそるべき禍い」であるので、五蘊における「欲の貪りを断滅し、欲の貪りを捨棄」して五蘊から出離し、そうすれば、「もはや取著するところなきによって自由となり、よく解脱せるものとなる。そして、よく解脱すれば、その人はすでに完成したのであり、完成すれば、その時もはや輪廻などというものはありえない」ということである。ここでは、五蘊の「愛すべき味い」と「おそるべき禍い」と「解脱」の三者の関係が説かれている。

解脱するには欲望から解放されなければならないことについて、出家した尼僧がこう率直に告白している。少し長いが、もろもろの欲望との関係で参考になるので、次に記す（『テーリーガーター』）。

342「銀あるいは金は、さとりに導かないし、静寂にも導かない。これは（道の人）にとってふさわしいものではない。これは聖者たちの宝ではない。」

343「これは、人をして貪らしめるもの、酔わせるもの、迷わせるもの、塵を増大させるものであり、疑惑をともない、多くの苦労を生ずるものである。そこには、堅固さも安定性も存在しない。」

344「多くの人々は、これを楽しみ、恣《ほしいまま》になって、心が汚れて、互いに反抗し合い、争論する。」

345「殺害、捕縛、苦難、損失、悲しみと歎き――、もろもろの欲望に耽った人々には、多大の禍の起ることが見られる。」

346「親族たちよ。どうして、あなたがたは、まるで敵のように、このわたしを、もろもろの欲望に耽らせようとするのか？　わたしは、もろもろの欲望のうちに恐ろしさを認めて、出家したものであることを、あなたがたは知ってください。」

347「もろもろの汚れは、金貨や（貨幣となっていない）黄金によっては、消耗しません。もろもろの欲望は、敵であり、殺害者であり、仇敵であり、縄で縛るものです。」

348「親族たちよ。どうして、あなたがたは、まるで敵のように、このわたしを、もろもろの欲望に耽らせようとするのですか？　わたしは出家して、頭を剃り、重衣をまとっているということを、あなたがたは知ってください。」

349「戸口に立って受ける托鉢食と落穂とボロ布を綴った衣と、——わたしにはこれだけがふさわしい。出家者の必需品なのです。」
350「およそ、天界のものでも、人間界のものでも、もろもろの欲望を、偉大な仙人たちは捨て去った。かれらは、安穏の境地において解脱している。かれらは不動の安楽に到達している。」
351「わたしは、救いの無いもろもろの欲望にもはや出会うことがありませんように！　もろもろの欲望は、敵であり、殺害者であり、火炎《ほむら》のごとく、苦痛である。」
352「この貪欲は、障害であり、恐怖をともない、苦痛があり、棘がある。これは、きわめて不快なものであり、人を迷わせる大きな原因である。」
353「もろもろの欲望は、恐ろしい襲撃であり、蛇の首にたとえられる。〔ところが〕愚かで盲目の凡人たちは、これを喜ぶ。」
354「実に、世間では、多くの人々は、無知にして、欲望の泥沼になずみ、生と死との究極を知らない。」
355「人々は、欲望が原因となって、悪い生存領域（地獄など）に至る道、自己に病苦をもたらす道を大いに踏み行なう。」
356「このように、もろもろの欲望は、敵を生ずるもの、熱く苦しめるもの、汚染するもの、世俗の快楽、縛るもの、死の束縛である。」
357「もろもろの欲望は、狂酔させるもの、欺くものであり、心をかき乱すものである。生ける者どもを汚染させるために、悪魔がすみやかに張った網である。」

358「もろもろの欲望は、無限の禍をひき起し、苦しみ多く、毒の大きいもので、味わい乏しく、争いを起し、〔月の満ちて行く〕白い半ヶ月（青春?）を乾からびさせるものである。」
359「それ故に、わたしは、もろもろの欲望にもとづくような禍をつくり出したあとで、再びその〔欲望〕にもどることはないでありましょう。——つねに安らぎを楽しんでいるので。」
360「わたしは、清涼の境地をねがい求める者として、もろもろの欲望と戦い、それらの束縛を断つために、怠ることなく日を送りましょう。」
361「憂いなく、汚れを離れ、安穏にして真っ直ぐな、かの八つの実践法よりなる尊い道に、わたしは従って行きましょう。偉大な仙人たちは、これによって〔彼岸に〕渡ったのです。」

第3節　見解、教義などに執著しない

見解、教義などへの執著《しゅうじゃく》から離れなければならないということは、古層の経典『スッタニパータ』の「最上についての八つの詩句」(796〜803)において説かれている。中村元訳でみてみよう(『ブッダのことば』岩波書店、1984年)。

796「世間では、人は諸々の見解のうちで勝れているとみなす見解を『最上のもの』であると考えて、それよりも他の見解はすべて『つまらないものである』と説く。それ故にかれ（注:世間の思想家）は諸々の論争を超えることがない。」

797「かれは、見たこと・学んだこと・戒律や道徳・思索したことについて、自分の奉じていることのうちにのみすぐれた実りを見、そこで、それだけに執著して、それ以外の他のものをすべてつまらぬものであると見なす。」
798「ひとが何か或るものに依拠して『その他のものはつまらぬものである』と見なすならば、それは実にこだわりである、と〈真理に達した人々〉は語る。それ故に修行者は、見たこと・学んだこと・思索したこと、または戒律や道徳にこだわってはならない。」
799「智慧に関しても、戒律や道徳に関しても、世間において偏見をかまえてはならない。自分を他人と『等しい』と示すことなく、他人よりも『劣っている』とか、或いは『勝れている』とか考えてはならない。」
800「かれは、すでに得た（見解）（先入見）を捨て去って執著することなく、学識に関しても特に依拠することをしない。人々は（種々異った見解に）分れているが、かれは実に党派に盲従せず、いかなる見解をもそのまま信ずることがない。」
801「かれはここで、両極端に対し、種々の生存に対し、この世についても、来世についても、願うことがない。諸々の事物に関して断定を下して得た固執の住居《すまい》は、かれには何も存在しない。」
802「かれはこの世において、見たこと、学んだこと、あるいは思索したことに関して、微塵ほどの妄想をも構えていない。いかなる偏見をも執することのないそのバラモンを、この世においてどうして妄想分別させることができるであろうか？」
803「かれらは、妄想分別をなすことなく、（いずれか一つの偏見を）特に重んずるということもない。

かれらは、諸々の教義のいずれかをも受け入れることもない。バラモンは戒律や道徳によって導かれることもない。このような人は、彼岸に達して、もはや還ってこない。」

見解、教義などへの執著から離れなければならないという教説との関連で、釈尊は論争しないことをも説いている。

824「かれらは『ここにのみ清らかさがある』と言い張って、他の諸々の教えは清らかでないと説く。『自分が依拠しているもののみ善である』と説きながら、それぞれ別々の真理に固執している。」

825「かれらは論議を欲し、集会に突入し、相互に他人を〈愚者である〉と烙印し、他人（師など）をかさに着て、論争を交す。——みずから真理に達した者であると称しながら、自分が称讃されるようにと望んで。」

826「集会の中で論争に参加した者は、称讃されようと欲して、おずおずしている。そうして敗北してはうちしおれ、（論敵の）あらさがしをしているのに、（他人から）論難されると、怒る。」

827「諸々の審判者がかれの所論に対し『汝の議論は敗北した。論破された』というと、論争に敗北した者は嘆き悲しみ、『かれはわたしを打ち負かした』といって悲泣する。」

828「これらの論争が諸々の修行者の間に起ると、これらの人々には得意と失意とがある。ひとはこれを見て論争をやめるべきである。称讃を得ること以外には他に、なんの役にも立たないからである。」

829「あるいはまた集会の中で議論を述べて、それについて称讃されると、心の中に期待したような利益を得て、かれはそのために喜んで、心が高ぶる。」
830「心の高ぶりというものは、かれの害われる場所である。しかるにかれは慢心・増上慢心の言をなす。このことわりを見て、論争してはならない。諸々の熟達せる人々は、『それによって清浄が達成される』とは説かないからである。」
831「たとえば王に養われてきた勇士が、相手の勇士を求めて、喚声を挙げて進んでゆくようなものである。勇士よ、かの（汝にふさわしい、真理に達した人の）いるところに到れ。相手として戦うべきものは、あらかじめ存在しないのである。」
832「（特殊な）偏見を固執して論争し、『これのみが真理である』と言う人々がいるならば、汝はかれらに言え、――『論争が起っても、汝と対論する者はここにいない』と。」
833「またかれらは対立を離脱して行い、一つの見解を（他の）諸々の偏見と抗争させない人々なのであるが、かれらに対して、あなたは何を得ようとするのか？　パスーラよ。かれらの間で『最上のもの』として固執されたものは、ここには存在しないのである。」
834「さてあなたは（『自分こそ勝利を得るであろう』と）思いをめぐらし、心中にもろもろの偏見を考えて、邪悪を掃い除いた人（ブッダ）と論争しようと、やって来られたが、あなたも実にそれだけならば、それを実現することは、とてもできない。」

これらの詩句のみでなく、釈尊は論争しないことを、続く835～914の詩句においても説いている。釈尊においては、論争しないことは解脱とつながっていた。「解脱せる人は論争におもむかない」

（877）のである。「無論争の境地」である。論争において、「（たとい称讃を得たとしても）それは僅かなものであって、平安を得ることはできない。論争の結果は（称讃と非難との）二つだけである、とわたくしは説く。この道理を見ても、汝らは、無論争の境地を安穏（khema）であると観じて、論争をしてはならない」（896）。「聖者はこの世で諸々の束縛を捨て去って、論争が起ったときにも、党派にくみすることがない。かれは不安な人々のうちにあっても安らけく、泰然として、執することがない」（912）。

論争は執著の結果であるわけである。論争に勝っても負けても平安を得ることはできず、解脱へはつながらないとするのである。〝khema〟は安穏、平安、涅槃を意味する。

執著を欲望とみることを徹底すれば、「離欲」への執著も欲望の表われということになる。実は、釈尊は離欲にも執著しないことを説いていた。これは、『スッタニパータ』での最古層に属する「アッタカ・ヴァッガ」に出ている（これに相当する漢訳は『義足経』巻上、鏡面王経、大正蔵・四巻）。795「（真の）バラモンは、（煩悩の）範囲をのり超えている。かれは何ものかを知りあるいは見ても、執著することがない。かれは欲を貪ることなく、また離欲を貪ることもない。かれは〈この世ではこれが最上のものである〉と固執することもない。」

この説文は、後世の仏典注釈者を戸惑わせるものであった。5世紀の上座部仏教のブッダゴーサは、「欲を貪ることなく」は欲界の貪りに執することなくを意味し、「離欲を貪ることもない」は色界、無色界を貪ることに執することなくを意味していると解した。これに対して、中村は、『スッタニパータ』

の最古層においては、欲界・色界・無色界という「三界説は成立していなかったから、後代の思想にもとづいたこの解釈は無理である。恐らく『欲望にとらわれることもなく、また無理に欲望をなくそうと思ってその願望にとらわれることもなく』というのが、原意であったのであろう」と言う（上記795の訳註）。欲望にも離欲にも執著するな、ということである。欲望と離欲を超脱した徹底した解脱の境地である。しかし、釈尊の教説の多くは欲望への執著からの解放であり、離欲への執著からの解放を説いた教説は極少である。また、離欲への執著は、欲望への執著から解放されれば消滅するであろう。釈尊思想の基本は欲望への執著からの解放であると考えられる。釈尊の最初の説法でも（『相応部経典』「諦相応・如来所説」、〔真実についての集成・修行完成者〕）、最後の説法でも（『相応部経典』「念処相応・病」、〔「四つの専念の確立」に関する集成・病人〕）、説かれているのは欲望（渇愛、貪欲）からの解放である。

第三章　解脱の境地

第1節　釈尊思想の究極の実践目的は解脱し涅槃に至ること

釈尊思想の究極の実践目的は、解脱し涅槃に至ることであることを明示している経典がある（『相応部経典』「羅陀相応・魔羅」、〈ラーダに関すること・魔〉）。

釈尊が比丘のラーダに「正しい観察」について説いたあと、ラーダは釈尊に問うた。

「大徳よ、では、いったい、なんのためにそのような正しい観察をするのでありましょうか」
「ラーダよ、厭い離れるために、正しい観察をするのである」
「大徳よ、ではいったい、なんのために厭い離れるのでありましょうか」
「ラーダよ、貪りを離れるために、厭い離れるのである」
「大徳よ、では、いったい、なんのために貪りを離れるのでありましょうか」
「ラーダよ、解脱するために貪りを離れるのである」
「大徳よ、では、いったい、なんのために解脱するのでありましょうか」

「ラーダよ、それは、涅槃のために解脱するのである」

「大徳よ、では、いったい、なんのために涅槃するのでありましょうか」

「ラーダよ、それは問うことはなはだ過ぎたりというものである。そなたは問うに限界があるということを知らないらしい。ラーダよ、この清浄の行をいとなむ所以は、ひとえに涅槃にいたらんがためであり、涅槃こそはその究極であり、その尽くるところなのである」


この経に相当する漢訳経典(『雑阿含経』第120経)では、「於諸世間。都無所取。無所取故。無所著。無所著故。自覚涅槃、我生已盡。梵行已立。所作已作。自知不受後有」となっている。これは、涅槃に至る筋道を示しており、パーリ語経典とは内容的に異なるところがあるが、それでも、涅槃を自ら覚るのが究極的位置を占めている点においては同じである。

第2節 解脱の境地とはいかなるものであるのか

それでは、究極の実践目的である解脱の境地とはいかなるものであろうか。

釈尊は、ある経典において、生のよろこび、想、識、受が滅尽するとき、「自由」(nimokkha)、「解放」(pamokkha)、「寂静」(viveka)の境地があると説いている(『相応部経典』「諸天相応・自由」、〈神々についての集成・解脱の道〉、漢訳『雑阿含経』「解脱」)。

天神
「友よ、そなたは、どのように、生きとし生けるものの自由と、解放と寂静の心境を知っているであろうか」
釈尊
「生のよろこびはことごとく尽き
想（表象）と識（意識）とのいとなみも尽き
受（感覚）もまた滅して静まる時
友よ、わたしは知る
その時、生きとし生けるものに
自由あり、解放あり、寂静の心境あるべし」

また、釈尊においては、欲を捨てることと寂静の境地に達することは一体的である。この境地をバラモン教的境地と対比させて詠んでいる詩句がある（『相応部経典』「諸天相応・生のさだめ」、〈神々についての集成・死に導かれるさだめ〉）。

天神（善き人）
「生にさだめあり、寿は短い
老いゆくものに隠れ場はない

死のこの怖れをぞ知るものは
安楽のために功徳を積め（漢訳「唯作諸功徳　楽住至楽所」：『雑阿含経』第1001経）」
釈尊
「生にさだめあり、寿は短い
老いゆくものに隠れ場はない
死のこの怖れをぞ知るものは
欲をすて、寂静をねがうがよい（漢訳「当断世貪愛　無余涅槃楽」）」

それでは、寂静とは何か。これを詠んでいる偈がある（『法句経』378）。
「身は寂《しずか》
語《ことば》も寂
心の寂にして
能《よ》く定《じょう》に入れる
すでに世の財利《たから》を
すてたる比丘は
寂静者といわる」

煩悩から離脱して解脱した境地を「ただひとり楽しむ」と表現している経典もある（『相応部経典』

「婆羅門相応・木匠」、〔バラモンに関する集成・新たなものによる職人〕、漢訳『雑阿含経』「沙羅林」）。

「木匠」とよばれるバーラドヴァージャ姓の婆羅門が、サーラの樹の下で趺座している釈尊のところへ来て、言った。

「わたしは、この森にあって、仕事を楽しんでいる。この沙門ゴータマは、いったい、何をして楽しんでいるのであろうか」

釈尊

「さればわれ森にあれども
すでに煩悩のしげみもなく
胸をつき刺すとげもなく
悔恨もなくただひとり楽しむ」

森のなかで端坐して瞑想するのは何のためか。梵天界に生まれるためとする婆羅門と欲望と妄念を滅尽して無上吉祥の正覚に達するためとする釈尊との間の解脱観の本質的相違を示されている経典がある（『相応部経典』「婆羅門相応・薪とり」、〔バラモンに関する集成・薪とり〕、漢訳『雑阿含経』「聚薪」）。

釈尊が森のなかで、結跏趺座していた。

バーラドヴァージャ姓の婆羅門が釈尊に語りかけた。

「身の毛もよだつ深き森
人気もなき淋しき林に住みて
心は平らかに、身は正直にうるわしく
比丘よ、そなたの端坐はまことに素晴らしい
そこには歌う者もなく、語る者もなく
ただ聖者ひとり森に住みたもう
ただひとり喜びにみちて森に住む
そはまことに稀有にこそ見ゆれ
われは思う、こはかの梵天界の
天衆にこそ生れんと願う者ならん（漢訳「為三十三天　天上自在楽」）
しからざれば、何故にひとり森に住みて
梵界にいたる苦行を修するや」
釈尊は答えた。
「人のつねに取著してやまぬ
さまざまの欲望や妄念も
すべて無知の根本より生ずるもの
われはすでにそを根こそぎにせり
われは貪らず、欲せず、近づかず（漢訳「不求不諂　一切無所觸」）

すべてにおいて清浄のみありて（漢訳「於一切諸法　唯一清浄観」）
無上吉祥の正覚に達せるなり（漢訳「得無上菩提」）
婆羅門よ、かくてこそわれは
ひとり無畏にして端坐するなり」

また、釈尊は、「では、涅槃とは何であろうか。比丘たちよ、貪欲（rāga、英訳：lust）の滅尽、瞋恚《しんに》（dosa、英訳：anger）の滅尽、愚痴（moha、英訳：ignorance、stupidity）の滅尽、これを称して涅槃というのである」とも説いている（『相応部経典』「無為相応・涅槃」〔無為についての集成・無為〕、漢訳はない）。ここでの「涅槃」は筑摩書房版の訳語であるが、春秋社版の訳語は「無為」である。涅槃と無為は同じ内容を指すとされるが、パーリ語は〝asaikhata〟であり、この語は本来的には無為を意味している。（なお、「貪欲の滅尽」、「瞋恚の滅尽」、「愚痴の滅尽」を涅槃とするのは、他に、『相応部経典』「閻浮車相応・涅槃」〔ジャンブカーダカについての諸小経典の集成・安らぎ〕「涅槃」〔安らぎ〕、漢訳『雑阿含経』「難等」、『相応部経典』「閻浮車相応・阿羅漢果」、〔ジャンブカーダカについての諸小経典の集成・応供者の境地〕、漢訳『雑阿含経』「難等」などがある。）

ある境地は、釈尊が説く解脱の境地と重なるところもあるが、釈尊が求める究極のものではないことを示している経典がある（『中部経典』〔聖なる求め・聖求経〕、漢訳『中阿含経』「羅摩経」）。

釈尊が修行時代に学んだ人物がいる。アーラーラ・カーラーマとウッダカ・ラーマプッタである。

釈尊はそれぞれに、「あなたは、どこまで、この教えを、みずから知り、悟り、その境地に達していると仰せられますか」と問うた。

アーラーラ・カーラーマは「無所有の境地（なにもないという境地）」だと言った。ウッダカ・ラーマプッタは「非想非非想の境地（想いがあるのでもなく、ないのでもないという境地）」だと言った。

釈尊はそれぞれの境地について、「この教えは、厭離にも導かない、離貪にも導かない、滅尽にも導かない、また、寂静にも、正智にも、正覚にも、涅槃にも資するところがない」と考えて、かれらの教えに満足することを得ずして、その許を去った。

経典はこう記しているが、しかし、釈尊の解脱の本来的内容はさほど小難しいものでなく、修行者に分かりやすいものであったと思われる。このことは、『スッタニパータ』とともに、最古層の経典である『法句経』のなかで、釈尊が解脱の境地を詠んでいる詩句をみれば理解される。

90「経《ふ》べき道を
過ぎおえ
うれいなく
一切《すべて》において解脱をえ
ありとある纏結《まつわり》を
断ちきれる人に
熱悩《くるしみ》あることなし」

91
「心さときひとらは
家におぼるるなく
立ち去りゆくなり
水鳥の
池をすてさるごとく
この家をすて
かの家をすつ」

92
「ひともし畜《たくわ》うるなく
口にする量《ほどよさ》あり
その心境《おもい》は空《くう》にして
形相《すがた》にとらわれず
かつ　解脱をえたり
かかる人のゆく道は
たずぬるによしなし
まこと　空とぶ鳥に
跡なきがごとし」

93
「ひともし漏《まよい》すでに尽き
食《かて》において著《とらわれ》なし

その心境《おもい》は空《くう》にして
形相《すがた》にとらわれず
かつ　解脱をえたり
かかる人のゆく道は
たずぬるによしなし
まこと　空とぶ鳥に
跡なきがごとし」

94
「諸根《こころ》の寂情《しずか》なること
まことよく御者に馴らされし
馬のごとく
慢《たかぶり》をすて
諸漏《まよい》をつくせる
かかるひとを
神々もうらやむなり」

95
「大地のごとく
いかることなく
門閾《かどしまり》のごとく
戒《いましめ》をまもり

そのこころ　げに
淤泥《よごれ》なき池のごとし
かかるひとに
いかなる輪廻あらん」

96
「意《おもい》は寂情《しずか》なり
語《ことば》もまた寂情《しずか》なり
身になす業《わざ》もしずかなり
かかるひとこそ
正しき智慧もて
解脱をえ
安息《やすけさ》をえたるなり」

97
「いたずらなる信をはなれ
無為《さとり》の心境をさとり
また　縛《きずな》を断てるもの
誘惑《まよわし》をしりぞけ
すべての望意《もとめ》を断てるもの
彼こそまことに
最上の人なり」

第3節　解脱の境地は「現世」で至る

釈尊の説く解脱において極めて重要なのは、釈尊は後代と異なって、解脱の境地に至るのは、あくまでも「現世」でのものと考えていたことであった。「般《はつ》涅槃」は完全な涅槃を指すが、これも、現世における完全な涅槃を意味する（たとえば、『相応部経典』〔六処についての集成・世間における欲望の対象〕、〔六処についての集成・家長〕など）。釈尊の入滅は大いなる般涅槃（大般涅槃《だいはつねはん》）といわれる。「無余涅槃」も、もともとは現世での涅槃を意味していたが、後世において、生前の有余涅槃（有余依涅槃）と死後の無余涅槃（無余依涅槃）に区分されるようになる。

ある時、一人の比丘が釈尊に対して、「大徳よ、法を語る者、法を語る者と仰せられるが、いったい、大徳よ、いかなるを法を語る者というのでありましょうか」と問うたところ、釈尊はこう答えた（『相応部経典』「蘊相応・説法者」、〔存在の構成要素についての集成・法を語る人〕、漢訳『雑阿含経』「善説法」）。

「もし比丘が、色（肉体）を厭い離れ、貪りを離れ、その滅尽のために法を語らば、まさに、『法を語る比丘』というべきである。また、もし比丘が、よく色を厭い離れ、貪りを離れ、その滅尽に至るならば、まさに、『法に到達したる比丘』というべきである。さらにまた、もし比丘が、よく色を厭い離れ、貪りを離れ、それを滅尽し、もはや取著するところなくして解脱するならば、彼は、まさに、現世において涅槃を実現したる比丘というべきである。」以下、受（感覚）、想（表象）、行（意志）、識（意識）について、同じ趣旨。

「現世における涅槃」とは「後有《ごう》なき涅槃」（もはや再び生まれる素地のない境地）のことでもある。

釈尊と悪魔との間のこういう偈のやりとりがある（『相応部経典』「悪魔相応・七年」、〈悪魔についての集成・七年〉、漢訳『雑阿含経』「七年」）。

悪魔

「汝、林中にありて沈思するは
そも悲しみに沈めるにや
富をうしないてうなだれるにや
なんぞ村人に悪事をなせるにや
なぜに人々と交りをなさざるにや
汝には友となすべき者のあらざるにや」

釈尊

「すべて悲しみの根を掘りのぞき
われに罪なく、悲しみもない
迷いの生はすべて尽きたり
汝、放逸のともがらよ
われは、迷いなくして禅思するなり」

悪魔
「これは〈わがもの〉といい
それは〈わがもの〉という
もし汝のこころそこにあらば
沙門よ
汝はいまだわれより脱れず」
釈尊
「これを〈わがもの〉といわず
それを〈わがもの〉といわず
悪魔よ、そのように知るがよい
汝はわが行く道を見ることあたわず」
悪魔
「かの安穏不死へいたる道を
汝もし証《さと》れりというならば
去れよ、汝ひとり行けよ
なんのために他人に教うるや」
釈尊
「彼岸へ趣かんとねがう者

われに不死の国のことを問わん
問われてわれは、彼らに
もはや後有なき涅槃を説かん」

現世において涅槃に達することを説くことは、過去と未来に想いをいたさず、「現在」を生きるのが最重要事であるとすることにつながっている（『相応部経典』「諸天相応・森に住みて」、〈神々についての集成・森に住んで〉、漢訳『雑阿含経』「阿練」）。

天神
「人なき森のなかに住みて
心平らけき清浄の行者は
日にただ一食《いちじき》を摂るのみなるに
なにすればその容色のかくも鮮かなる」

釈尊
「過ぎ去れるを追うことなかれ
いまだ来らざるを念《ねが》うことなかれ
ただ現在するところに生くれば
その顔色はいと鮮かなるべし

いまだ来らざることを念い
すでに過ぎ去れることを追うて
愚かなる人々は萎るるなり
あたかも刈られし若葦のごとく」

ただし、「現在」をもすてることを詠んでいる偈がある。しかし、この内容は、過去、未来、現在をすてることで、現世において解脱し、生・老をもはや繰り返さないというものである（『法句経』348）。

「過ぎしをすて
来らんをもすて
現在をも棄つべし
これ存在《まよい》の
彼岸にいたれるなり
一切処《すべてのところ》に
思い解脱すれば
生と老とを
再び受けざるべし」

第4節　解脱の境地は、釈尊と比丘・比丘尼たちとの間で差異はない

古層の経典『スッタニパータ』のなかの最古層たる「パーラーヤナ・ヴァッガ」から、いくつかの教説を示しておく。これらの内容は素朴で整理されていないが、そうであるがゆえに、解脱・涅槃についての釈尊の原初的な考え、すなわち解脱の境地は、内容的に釈尊と比丘・比丘尼たちとの間で何ら差異はないということが直に伝わってくるようである。

1081「ナンダさんがいった、
およそこれらの〈道の人〉・バラモンたちは、見解によって、また伝承の学問によっても清浄になれると言います。戒律や誓いを守ることによっても清浄になれると言います。（そのほか）種々のしかたで清浄になれるとも言います。聖者さま。もしもあなたが『かれらは未だ煩悩の激流を乗り超えていない』と言われるのでしたら、では神々と人間の世界のうちで生と老衰を乗り超えた人は誰なのですか？　親愛なる先生！　あなたにおたずねします。それをわたくしに説いてください。」
1082「師（ブッダ）は答えた、
ナンダよ。わたしは『すべての道の人・バラモンたちが生と老衰とに覆われている』と説くのではない。この世において見解や伝承の学問や想定や戒律や誓いをすっかり捨て、また種々のしかたをもすっかり捨てて、妄執をよく究め明して、心に汚れのない人々——かれらは実に『煩悩の激流を乗り

超えた人々である』と、わたしは説くのである。」
1088「トーデイヤさんがたずねた、
諸々の欲望のとどまることなく、もはや妄執が存在せず、諸々の疑惑を超えた人、――かれはどのような解脱をもとめたらよろしいのですか？」
1089「師（ブッダ）は答えた、
トーデイヤよ。諸々の欲望のとどまることなく、もはや妄執が存在せず、諸々の疑惑を超えた人、――かれにはその他に解脱は存在しない。」
1096「ジャトゥカンニンさんがたずねた、
わたくしは、勇士であって、欲望をもとめない人がいると聞いて、激流を乗り超えた人（ブッダ）に〈欲のないこと〉をおたずねしようとして、ここに来ました。安らぎの境地を説いてください。生れつき眼のある方よ。先生！　それを、あるがままに、わたくしに説いてください。」
1098「師（ブッダ）は答えた、
ジャトゥカンニンよ。諸々の欲望に対する貪りを制せよ。――出離を安穏であると見て取り上げるべきものも、捨て去るべきものも、なにものも、そなたにとって存在してはならない。」
1099「過去にあったもの（煩悩）を涸渇せしめよ。未来にはそなたに何ものもないようにせよ。中間においても、そなたが何ものにも執著しないならば、そなたはやすらかにふるまう人となるであろう。」
1105「ウダヤさんがたずねた、

瞑想に入って坐し、塵垢を離れ、為すべきことを為しおえ、煩悩の汚れなく、一切の事物の彼岸に達せられた（師）におたずねするために、ここに来ました。無明を破ること、正しい理解による解脱、を説いてください。」

1106「師（ブッダ）は答えた、

ウダヤよ。愛欲と憂いとの両者を捨て去ること、沈んだ気持を除くこと、悔恨をやめること、

1107　平静な心がまえと念《おも》いの清らかさ、——それらは真理に関する思索にもとづいて起るものであるが、——これが、無明を破ること、正しい理解による解脱、であると、わたくしは説く。」

1108「世人は何によって束縛されているのですか？　世人をあれこれ行動させるものは何ですか？　何を断ずることによって安らぎ（ニルヴァーナ）があると言われるのですか？」

1109「世人は歓喜に束縛されている。思わくが世人をあれこれ行動させるものである。妄執を断ずることによって安らぎがあると言われる。」

以上の内容からも知られるが、解脱の境地に達するのは、釈尊と比丘・比丘尼たちとのあいだで、内容的に何ら差異があるものではない。釈尊の解脱に、比丘・比丘尼たちと異なって、何か特別な境地のものがあるわけではないのである。このことを示している、さらに一つの経典を挙げておく（『相応部経典』「悪魔相応・係蹄〔わな〕」、〔悪魔についての集成・係蹄〕、漢訳『雑阿含経』「縄索」）。

世尊は、かように仰せられた。「比丘たちよ、わたしは、正しい思惟と正しい努力とによって、最高の解脱にいたり、最高の解脱を体得することができた。比丘たちよ、汝らもまた、正しい思惟と正

しい努力とによって、最高の解脱にいたり、最高の解脱を体得することができたのである。」

ここでは最高の解脱・涅槃に至ることが、釈尊と比丘たちの、同じ最終目的であるかのように説かれているが、もっとも、釈尊が当初からこのように考えていたかは必ずしも明確でない。たとえば、『スッタニパータ』「パーラーヤナ・ヴァッガ」(1061~1068)においては、学道・修行することが解脱・涅槃の体得であるとも解される内容を含んでいた。

また、解脱について、後世ではその内容が整理されて、段階を経て到達されるいわば「漸悟」のように理解されるようになるが、最初期では直に到達される「頓悟」のように理解されていたとも考えられる。たとえば、『テーリーガーター』にこういう記述がある。「体力衰え、杖にすがって、托鉢に出かけたが、手足が震えて、わたしは、その場で地上に倒れました。身体に患いのあるのを見て、そこで、わたしの心は解脱しました」(17)。「わたしは苦しみ、力弱く、若さを失っていますが、杖にすがって、山に登って行きましょう。」「わたしは、大衣を投げすてて、鉢を逆にして伏せて、岩の上に坐りました。そのとき、わたしの心は解脱しました」(29、30)。「痩せて、青ざめ、醜くなって、わたしは七年間、遍歴しました。いとも苦しみ、昼も夜も、安楽を得ることはできませんでした。」「そこで、わたしは、縄を手にして、林の中に入って行きました、――『卑しいことをさらにつづけて行なうよりは、わたしはここで首を縊ったほうが良い』と思って。」「強靭な吊り縄をつくって、樹の枝に縛りつけ、わたしはその縄を首のまわりに投げかけました。そのとき、わたしの心は解脱しました」(79、80、81)。

なお、『スッタニパータ』「パーラーヤナ・ヴァッガ」の1146に、「信仰」と「解脱」の関係についての釈尊の興味深い言葉がある。こうである。「(師ブッダが現われていった)、『ヴァッカリやバドラーヴダやアーラヴィ・ゴータマが信仰を捨て去ったように、そのように汝もまた信仰を捨て去れ。そなたは死の領域の彼岸に至るであろう。ピンギヤよ』」。このなかの「信仰を捨て去れ」について、中村元の訳註はこう記している。

この原文を直訳すれば、「信仰を解き放つ」であって、多くの訳者のように「信仰によって解脱する」と解することは、語法上困難である。「信仰を捨て去れ」という表現は、パーリ仏典のうちにしばしば散見する。恐らくヴェーダの宗教や民間の諸宗教の教条(ドグマ)に対する信仰を捨てよ、という意味なのであろう。最初期の仏教は〈信仰〉(saddhā)なるものを説かなかった。何となれば、信ずべき教義もなかったし、信ずべき相手の人格もなかったからである。『スッタニパータ』のなかでも、遅い層になって、仏の説いた理法に対する「信仰」を説くようになった。

第四章　解脱の方法

第1節　八聖道

「解脱の方法」とは解脱のための実践方法を意味する。この実践方法を詳しく考察する前に、解脱のための修行との関係で、出家、静居、森（林）に住むことなどがしばしば説かれているので、これらについて先ずみておく。

（出家について）

『法句経』91

「心さときひとらは
家におぼるるなく
立ち去りゆくなり
水鳥の
池をすてさるごとく

この家をすて
かの家をすつ」

（静居について）

『相応部経典』「諦相応・静居」、（真実についての集成・精神集中）、漢訳『雑阿含経』「禅思」

「比丘たちよ、静居して思索につとめるがよい。比丘たちよ、静居して思索する比丘はあるがままに了知する。それは、なにをあるがままに了知するのであろうか。

〈こは苦なり〉と、あるがままに了知するのである。〈こは苦の生起なり〉と、あるがままに了知するのである。〈こは苦の滅尽なり〉と、あるがままに了知するのである。〈こは苦の滅尽にいたる道なり〉と、あるがままに了知するのである。」

『スッタニパータ』69
「山林にひとり隠遁して禅定に入っている修行生活を一瞬たりとも放棄することなく、つねに不断に根本の真理にもとづいて、各修行者にふさわしい真理を修行実践し、生死流転しつづける世間的存在に対しては『これは恐ろしい存在だ』といまここにさとって、ひとり離れて修行し歩くがよい、あたかも一角の犀そっくりになって。」

（森について）

『法句経』99

「げに森に住むは
愉《たの》し
世の衆人《ひと》はここに
たのしまざれど
むさぼりなき人は
ここにうちたのしむ
彼らは愛欲《むさぼり》を
求めざればなり」

『テーラガーター』62

「われらは森の中に孤独で暮らしている。――林の中に棄てられた木片のように。しかし多くの人々は、そのわたしを羨む。――地獄に堕ちた人々が天上に生れた人々を羨むように。」

しかし、これらの出家、静居、森（林）に住むことなどは、修行の手段であり、解脱に直結する方法ではない。たとえば、初期仏教において最も重要な行為の一つである出家にしても、それは必ずしも解脱につながるものではない。次のようなことが仏典に記されている。

『法句経』２６４

「よし髪を剃るとも

いましめなく
妄語をかたらば
彼は沙門にあらず
欲望と
むさぼりとをそなえて
いかでか沙門たりえん」
『テーラガーター』101
「在家の生活を捨てて〔出家しても〕、堅固な決心が無くて、口先を鋤として大食いをして、なまけている愚鈍な人は、大きな豚のように糧《かて》を食べて肥り、くりかえし母胎に入って〔迷いの生存をつづける〕。」

上記のような出家者の事例はあるにしても、修行のもろもろの手段は、やはり解脱と無関係なものではない。むしろ重要である。次のような仏典がある。

『テーラガーター』
842「わたしが乗るためには、柔らかい布が象の頸に敷かれていたし、またわたしは、サーリ米の御飯に浄肉のスープをふりかけて食べてきたが、〔幸福ではなかった。〕」
843「しかるに、今日、幸運にも、忍耐強い者となり、残飯が鉢に盛られたのを楽しみながら、ゴーダーの子・バッディヤは、執著することなく、瞑想にふける。」
844「ボロ布でつづった衣を着て、忍耐強い者となり、残飯が鉢に盛られたのを楽しみながら、ゴーダーの子・バッディヤは、執著することなく、瞑想にふける。」
845「托鉢によって得た食物だけを食べて、忍耐強い者となり、残飯が鉢に盛られたのを楽しみながら、ゴーダーの子・バッディヤは、執著することなく、瞑想にふける。」
846「三種の衣だけを着て、忍耐強い者となり、残飯が鉢に盛られたのを楽しみながら、ゴーダーの子・バッディヤは、執著することなく、瞑想にふける。」
847「家の貧富をえらばずに托鉢して、忍耐強い者となり、残飯が鉢に盛られたのを楽しみながら、ゴーダーの子・バッディヤは、執著することなく、瞑想にふける。」
848「独りで坐して、忍耐強い者となり、残飯が鉢に盛られたのを楽しみながら、ゴーダーの子・バッディヤは、執著することなく、瞑想にふける。」
849「一つの鉢に盛られる食物だけを食べて、忍耐強い者となり、残飯が鉢に盛られたのを楽しみながら、ゴーダーの子・バッディヤは、執著することなく、瞑想にふける。」
850「食事の時を過ぎては食事をしないで、忍耐強い者となり、残飯が鉢に盛られたのを楽しみながら、ゴーダーの子・バッディヤは、執著することなく、瞑想にふける。」
851「森に住んで、忍耐強く、残飯が鉢に盛られたのを楽しみながら、ゴーダーの子・バッディヤは、執著することなく、瞑想にふける。」
852「樹の下に住んで、忍耐強く、残飯が鉢に盛られたのを楽しみながら、ゴーダーの子・バッディヤは、執著することなく、瞑想にふける。」
853「屋外に住んで、忍耐強く、残飯が鉢に盛られたのを楽しみながら、ゴーダーの子・バッディヤは、執著することなく、瞑想にふける。」
854「死骸の棄て場所に住んで、忍耐強く、残飯が鉢に盛られたのを楽しみながら、ゴーダーの子・バッディヤは、執著することなく、瞑想にふける。」
855「指定された場所に住んで、忍耐強く、残飯が鉢に盛られたのを楽しみながら、ゴーダーの子・バッディヤは、執著することなく、瞑想にふける。」
856「坐ったままで横臥しないで、忍耐強く、残飯が鉢に盛られたのを楽しみながら、ゴーダーの子・バッディヤは、執著することなく、瞑想にふける。」
857「望むこと少なく、忍耐強く、残飯が鉢に盛られたのを楽しみながら、ゴーダーの子・バッディヤは、執著することなく、瞑想にふける。」
858「満足して、忍耐強く、残飯が鉢に盛られたのを楽しみながら、ゴーダーの子・バッディヤは、執著することなく、瞑想にふける。」
859「人々から遠ざかり離れて、忍耐強く、残飯が鉢に盛られたのを楽しみながら、ゴーダーの子・バッディヤは、執著することなく、瞑想にふける。」
860「人々と交際しないで、忍耐強く、残飯が鉢に盛られたのを楽しみながら、ゴーダーの子・バッディヤは、執著することなく、瞑想にふける。」
861「精励努力して、忍耐強く、残飯が鉢に盛られたのを楽しみながら、ゴーダーの子・バッディヤは、執著することなく、瞑想にふける。」
862「高価な真鍮製の鉢と百両もする黄金製の鉢とを捨てて、わたしは土製の鉢を執った。これは（わたしの）第二の灌頂である。」
863「かつて、わたしは、高く円い城壁をめぐらされ、堅固な見張り塔や門のある城の中で、剣を手にした人々に護られながら、しかもおののいて住んでいた。」
864「今日、幸運にも、恐れおののくことなく、恐怖・戦慄を断ち切って、ゴーダーの子・バッディヤは、森に潜んで、瞑想にふける。」
865「幾多の戒しめに安住して、心の落ち着きと知慧とを修めて、わたしは、順次に、あらゆる束縛の消滅を体得した。」

以上のような修行の手段とは異なって、解脱の方法とは、解脱に直結する本質的な方法を指す。つまり、解脱のための実践方法である。この意味での解脱の方法を次に考察する。

先ず、宇井伯壽の重要な指摘をみてみる（前出『印度哲学研究』第三「八聖道の原意及び其変遷」）。宇井はこう論ずる。「仏教の唯一最後の目的が成仏にあることは蓋し何人にも異論のないことであらう。或は涅槃を証するにあるとか又は解脱に達するにあるとか、其他後世に於ては種々に言表はさるるが、何れも同一意味に帰着せねばならぬものであらう。」「成仏とは仏陀になることである」が、そのためには「それに相当する畢世の努力たる実践躬行に俟たねばならぬから、仏教特に根本仏教に於ては理論よりも寧ろ実践の方が重大なものとなつて居る。仏陀の教化の仕方に見ても、弟子信者に対して其学説の理論的了解を與へることに苦心するのでなくして、全く仏陀自ら修道証悟の模範保証となつて、人をして先ずともかくひたすら実践修養に努めしむる方針であつたと思はるる。」「そして実践の道としては種々なるものがあるであらうが、其中で最重要にして基礎的なものとも称し得べきものは即ち八聖道である。」

本書も、この見地に立っている。ただし、最初期から八聖道が定型的に説かれていたわけではない。中村元は、八聖道を発達史的にこう論じている。第一段階——八聖道のうちのいくつかの項目に相当することが、いろいろギタゴタと説かれていて、まだ体系化されていなかった。第二段階——八聖道の八つの項目のうち、いくつかが術語として姿を現わす。第三段階——八聖道としてまとめられた（『原始仏教の生活倫理』第一編・第一章、中村元選集〔決定版〕第17巻、春秋社、1995年）。

解脱の方法に関係する重要な経典がある。イシパタナ・ミガダーヤ〔仙人住処・鹿野苑〕において、釈尊が5人の比丘たちに対して説いた「初転法輪《しょてんぼうりん》」〔最初の説法〕である（『相応部経典』「諦相応・如来所説」、〔真実についての集成・修行完成者〕、漢訳『雑阿含経』「転法輪」）。この経典は、内容的に後世の整理・説明の箇所を含むが、釈尊思想の中核的部分と関係していると考えられる箇所を次に掲出する。

「かようにわたしは聞いた。

ある時、世尊は、バーラーナシー〔波羅捺〕のイシパタナ・ミガダーヤにましました。

そこで、世尊は、五人の比丘たちに告げて仰せられた。

『比丘たちよ、出家したる者は、二つの極端に親しみ近づいてはならない。その二つとは何であろうか。愛欲に貪著することは、下劣にして卑しく、凡夫の所行である。聖にあらず、役に立たないことである。また、苦行を事とすることは、ただ苦しいだけであって、聖にあらず、役に立たないことである。比丘たちよ、如来は、この二つの極端を捨てて、中道を悟った。それは、眼を開き、智を生じ、寂静・証智・等覚・涅槃にいたらしめる。

比丘たちよ、では、如来が、眼を開き、智を生じ、寂静・証智・等覚・涅槃にいたらしめる中道を悟ったというのは、どのようなことであろうか。それは、聖なる八つの道のことである。すなわち、正見・正思・正語・正業《しょうごう》・正命《しょうみょう》・正精進・正念・正定《しょうじょう》である。比丘たちよ、これが如来の悟りえたところの中道であって、これが、眼を開き、智を生じ、寂静・証智・等覚・涅槃にいたらしめるのである。

さて、ところで、比丘たちよ、苦の聖諦とはこれである。いわく、生は苦である。老は苦である。病は苦である。死は苦である。歎き・悲しみ・苦しみ・憂い・悩みは苦である。怨憎するものに遇うは苦である。愛するものと別離するは苦である。求めて得ざるは苦である。総じていえば、この人間の存在を構成するものはすべて苦である。

さて、ところで、比丘たちよ、苦の生起の聖諦はこうである。いわく、迷いの生涯を引き起こし、喜びと貪りを伴い、あれへこれへと絡まりつく渇愛がそれである。すなわち、欲の渇愛・有の渇愛・無有の渇愛がそれである。

さて、ところで、比丘たちよ、苦の滅尽の聖諦はこうである。いわく、その渇愛をあますところなく離れ滅して、捨てさり、振り切り、解脱して、執著なきにいたるのである。

さて、ところで、比丘たちよ、苦の滅尽にいたる道の聖諦はこうである。いわく、聖なる八支の道である。すなわち、正見・正思・正語・正業・正命・正精進・正念・正定である。』」

釈尊はここで、「中道」、「聖なる八つの道」（八聖道《はっしょうどう》＝八正道）、「四諦《したい》」（四聖諦《ししょうたい》＝「苦の聖諦」、「苦の生起の聖諦」、「苦の滅尽の聖諦」、「苦の滅尽にいたる道の聖諦」）を説いている。これらは、解脱のための中枢的な実践方法である。そしてこれらは、それぞれ独立しているのでなく、相互に不可分に結びついている。

中道とは、「愛欲に貪著すること」（いわば快楽主義）と「苦行を事とすること」（いわば苦行主義）を捨てることを意味する。苦行とは先述した修行のもろもろの行為を指すのではなく、身を痛めつける苦しい行為を指す。釈尊は修行の行為を否定していない。そして、この中道を悟るとは、八聖道を悟ることである。「四諦」の「苦の聖諦」（苦諦）、「苦の生起の聖諦」（集諦《じったい》）、「苦の滅尽の聖諦」（滅諦）、「苦の滅尽にいたる道の聖諦」（道諦）の「諦」（sacca、英訳：truth）とは真理のことである。つまり、苦、苦の生起、苦の滅尽、苦の滅尽にいたる道という四つの真理を知り、そのうえで、中道、八聖道でもって究極の目的である苦を滅尽し、「寂静・証智・等覚・涅槃」に至ろうとするのである。解脱の中枢的な実践方法である中道、八聖道、四諦は、こういう関係にある。

釈尊のこの「初転法輪」において看過すべきでないのは、釈尊思想の根底には、「人間の存在を構成するものはすべて苦である」という認識があることである。「苦」（dukkha）の洞察が、釈尊思想の出発点である。解脱のための実践方法とは、この苦からの解脱（苦の人間存在からの解放、人間のくびき〔頸木、軛〕からの解放〕のための実践方法である。

経典の要点をもう一度みてみよう。

「生は苦である。老は苦である。病は苦である。死は苦である。歎き・悲しみ・苦しみ・憂い・悩みは苦である。怨憎するものに遇うは苦である。愛するものと別離するは苦である。求めて得ざるは苦である。総じていえば、この人間の存在を構成するものはすべて苦である」。それでは、この苦はどうして生じるのであろうか。「迷いの生涯を引き起こし、喜びと貪りを伴い、あれへこれへと絡まりつく渇愛がそれである。すなわち、欲の渇愛・有の渇愛・無有の渇愛がそれである」。渇愛によって苦が生じるのである。この苦を滅尽するには、どうすべきであるのか。「渇愛をあますところなく離れ滅して、捨てさり、振り切り、解脱して、執著なきにいたるのである」。しかし、渇愛は自然には滅しない。滅のための道が必要である。それが「八聖道」である、すなわち、「正見・正思・正語・正業・正命・正精進・正念・正定」である。ここには、解脱のための実践方法が集約的に示されている。それでは、正見・正思・正語・正業・正命・正精進・正念・正定とは何か。

「正見」（sammādiṭṭhi、英訳：right belief）は正しい見方、「正思」（sammāsaṅkappa、英訳：right intention）は正しい思い、「正語」（sammāvācā、英訳：right speech）は正しい言葉、「正業」（sammākammanta、英訳：right conduct）は正しい行為、「正命」（sammāājīva、英訳：right means of livelihood）は正しい生き方、「正精進」（sammāvāyāma、英訳：right effort）は正しい努力、「正念」（sammāsati、英訳：right memory）は正しいことに念いをこらす、「正定」（sammāsamādhi、英訳：right concentration）は正しいことに心を専注

する、を意味する。

釈尊の時代、これらの術語に難しい定義があったわけではない。釈尊は平易な言い方で、これらを説明している。ある経典ではこう説かれている（『相応部経典』「道相応・分別」、〔「道」に関する集成・分別〕）。

「比丘たちよ、いかなるをか聖なる八支の道というのであろうか。いわく、正見・正思・正語・正業・正命・正精進・正念・正定である。

比丘たちよ、いかなるをか正見というのであろうか。比丘たちよ、苦なるものを知ること、苦の生起を知ること、苦を滅することを知ること、苦の滅尽にいたる道を知ることがそれである。比丘たちよ、これを名づけて正見というのである。

比丘たちよ、いかなるをか正思というのであろうか。比丘たちよ、迷いの世間を離れたいと思うこと、悪意を抱くことから免れたいと思うこと、他者を害することなからんと思うことがそれである。比丘たちよ、これを名づけて正思というのである。

比丘たちよ、いかなるをか正語というのであろうか。比丘たちよ、偽りの言葉を離れること、中傷する言葉を離れること、麁悪《そあく》な言葉を離れること、および雑穢《ぞうえ》なる言葉を離れることがそれである。比丘たちよ、これを名づけて正語というのである。

比丘たちよ、いかなるをか正業というのであろうか。比丘たちよ、殺生を離れること、与えられざるを盗らざること、清浄ならぬ行為を離れることがそれである。比丘たちよ、これを名づけて正業というのである。

比丘たちよ、いかなるをか正命というのであろうか。比丘たちよ、ここに一人の聖なる弟子があり、よこしまの生き方を断って、正しい出家の法をまもって生きる。比丘たちよ、その時、これを名づけて正命というのである。

比丘たちよ、いかなるをか正精進というのであろうか。比丘たちよ、ここに一人の比丘があり、いまだ生ぜざる悪しきことは生ぜざらしめんと志を起して、ただひたすらに、つとめ励み、心を振い起して努力する。あるいは、すでに生じた悪しきことを断とうとして志を起し、ただひたすらに、つとめ励み、心を振い起して努力する。あるいは、いまだ生ぜざる善きことを生ぜしめんがために志を起し、ただひたすらに、つとめ励み、心を振い起して努力する。あるいはまた、すでに生じた善きことを住せしめ、忘れず、ますます修習して、全きにいたらしめたいと志をたてて、ただひたすらに、つとめ励み、心を振い起して努力する。比丘たちよ、その時、これを名づけて正精進というのである。

比丘たちよ、いかなるをか正念というのであろうか。比丘たちよ、ここに一人の比丘があって、わが身において身というものをこまかく観察する。熱心に、よく気をつけ、心をこめて観察し、それによってこの世間の貪りと憂いとを調伏して住する。また、わが感覚において感覚というものをこまかく観察する。熱心に、よく気をつけ、心をこめて観察し、それによってこの世間の貪りと憂いとを調伏して住する。あるいは、わが心において心というものをこまかく観察する。熱心に、よく気をつけ、心をこめて観察し、それによってこの世間の貪りと憂いとを調伏して住する。あるいはまた、この存在において存在というものをこまかく観察する。熱心に、よく気をつけ、心をこめて観察し、それによってこの世間の貪りと憂いとを調伏して住する。比丘たちよ、この時これを名づけて正念というのである。
比丘たちよ、いかなるをか正定というのであろうか。比丘たちよ、ここに一人の比丘があって、もろもろの欲望を離れ、もろもろの善からぬことを離れ、なお対象に心をひかれながらも、それより離れたることに喜びと楽しみを感ずる境地にいたる。これを初禅を具足して住するという。だが、やがて彼は、その対象にひかれる心も静まり、内浄らかにして心は一向となり、もはやなにものにも心をひかれることなく、ただ三昧《さんまい》より生じたる喜びと楽しみのみの境地にいたる。これを第二禅を具足して住するという。更に彼は、その喜びをもまた離れるがゆえに、いまや彼は、内心平等にして執著なく、ただ念があり、慧があり、楽しみがあるのみの境地にいたる。これを、もろもろの聖者たちは、捨あり、念ありて、楽住するという。これを第三禅を具足して住するというのである。さらにまた彼は、楽をも苦をも断ずる。さらには、すでに喜びをも憂いをも滅したのであるから、いまや彼は、不苦・不楽にして、ただ、捨あり、念ありて、清浄なる境地にいたる。これを第四禅を具足して住するという。もろもろの比丘たちよ、これを名づけて正定というのである。」

まず、ここで注意すべきは、釈尊は、解脱のための実践方法たる八聖道のうちの「正思」について、「悪意を抱くことから免れたいと思うこと、他者を害することなからんと思うこと」と、「正語」について、「偽りの言葉を離れること、中傷する言葉を離れること、麁悪な言葉を離れること、および雑穢なる言葉を離れること」と、「正業」について、「殺生を離れること、与えられざるを盗らざること、清浄ならぬ行為を離れること」と説いていることである。これらの内容は、今日では、道徳的・倫理的な観点から解釈される場合が多いが、釈尊においては、これらはあくまでも解脱に導かない、つまり解脱を阻害する行為（業）と認識されていたのである。このことは八聖道と解脱の関係を理解する上で重要である。

また、この経では、「正定」との関係で、解脱の内容の深化段階として、初禅→第二禅→第三禅→第四禅が説かれているが、これは、解脱がいわゆる「頓悟」でなく、「漸悟」であることを示していて興味深い。ただし、こうした説明的な言い方は、後世において整理されたものである。『スッタニパータ』、『ダンマパダ』などの古層の経典、仏典には、こういう初禅→第二禅→第三禅→第四禅という段階的解脱の表現はみられない。

なお、初禅→第二禅→第三禅→第四禅の説明については、他に、『中部経典』〔算数家目犍連経〕（漢訳『中阿含経』「算数目犍連経」）、『中部経典』〔聖求経〕（漢訳『中阿含経』「羅摩経」）、『長部経典』〔沙門果経〕（漢訳『長阿含経』「沙門果経」）などを参照。

釈尊は、解脱の実践的方法としての八聖道（八正道）を、より端的に、欲望の克服との関係で説いている（『相応部経典』「道相応・東方」、〔「道」に関する集成・東へ〕）。平易であり、こちらのほうが釈尊の語り口に近い。

この経から知られることは、八聖道（八正道）における「正しい」は一般的な意義でなく、解脱・涅槃へつながる意義での「正しい」ということである。「正しい」の内容が特定化されている。このことは重要であり、看過されるべきでない。

「比丘たちよ、たとえば、ガンガー（恒河）は東に向い、東に傾き、東に注ぐ。比丘たちよ、そのように、比丘たるものもまた聖なる八支の道を習い修め、聖なる八支の道の修行を重ねれば、涅槃に向い、涅槃に傾き、涅槃に注ぎ入るであろう。

比丘たちよ、比丘は、どのようにして聖なる八支の道を習い修め、聖なる八支の道の修行を重ねれば、涅槃におもむき、涅槃に傾き、涅槃に注ぎ入るのであろうか。

比丘たちよ、ここにおいて比丘は、欲望の対象を遠ざかり、貪りを離れ、滅しつくし、しだいに心の平静をえて、正しい見方（正見）を修習するのである。また、欲望の対象を遠ざかり、貪りを離れ、滅しつくし、しだいに心の平静をえて、正しい思い（正思）を修習するのである。また、欲望の対象を遠ざかり、貪りを離れ、滅しつくし、しだいに心の平静をえて、正しい言葉（正語）を修習するのである。また、欲望の対象を遠ざかり、貪りを離れ、滅しつくし、しだいに心の平静をえて、正しい行為（正業）を修習するのである。また、欲望の対象を遠ざかり、貪りを離れ、滅しつくし、しだいに心の平静をえて、正しい生き方（正命）を修習するのである。また、欲望の対象を遠ざかり、貪りを離れ、滅しつくし、しだいに心の平静をえて、正しい努力（正精進）を修習するのである。また、欲望の対象を遠ざかり、貪りを離れ、滅しつくし、しだいに心の平静をえて、正しい念いをこらすこと（正念）となるのである。また、欲望の対象を遠ざかり、貪りを離れ、滅しつくし、しだいに心の平静をえて、正しいことに心を専注すること（正定）となるのである。

比丘たちよ、そのようにして、比丘たちもまた、聖なる八支の道を習い修め、聖なる八支の道の修行を重ねれば、涅槃におもむき、涅槃に傾き、涅槃に注ぎ入るのである。」

ある経典では、上記の「欲望の対象を遠ざかり、貪りを離れ、滅しつくし、しだいに心の平静をえて」が「欲望の対象を遠ざかり、貪りを離れ、滅しつくし、ついに煩悩を捨てきることによって」になっているが、趣旨は同じである（『相応部経典』「道相応・サーリプッタ」、〔「道」に関する集成・サーリプッタ〕）。

この「煩悩」は、いわゆる三大煩悩（三毒）である「貪欲《とんよく》」（rāga）、「瞋恚《しんに》」（dosa）、「愚痴《ぐち》」（moha）に集約されるが、これらを八聖道によって克服し解脱に至ることを説いている経典がある（『相応部経典』「道相応・一比丘」、〔「道」に関する集成・ある修行者〕）。

「大徳よ、梵行、梵行と仰せられるますが、大徳よ、なにを梵行というのでありましょうか。また、いかなるを梵行の究極となすのでありましょうか」

「比丘よ、この聖なる八支の道が、とりもなおさず、梵行である。いわく、正見・正思・正語・正業・正命・正精進・正念・正定である。そして、比丘よ、貪欲の滅尽（khaya）、瞋恚の滅尽、愚痴の滅尽が、この梵行の究極するところである」

「大徳よ、貪欲の調伏（vinaya）、瞋恚の調伏、愚痴の調伏と仰せられますが、大徳よ、いったい、貪欲の調伏、瞋恚の調伏、愚痴の調伏とは、なにを指していう言葉でありましょうか」

「比丘よ、貪欲の調伏、瞋恚の調伏、愚痴の調伏とは、涅槃のさまを指している言葉である。これをもって、もろもろの煩悩の滅尽を説くのである」

「大徳よ、また、不死、不死と仰せられますが、大徳よ、いったい、不死とはいかなることでありましょうか。また、不死にいたる道は、どのようなものでありましょうか」
「比丘よ、貪欲の調伏、瞋恚の調伏、愚痴の調伏。これを名づけて不死というのである。そして、かの聖なる八支の道こそが、不死にいたる道である。すなわち、正見・正思・正語・正業・正命・正精進・正念・正定である」

つまり、貪欲の調伏（抑制）、瞋恚の調伏（抑制）、愚痴の調伏（抑制）は、涅槃の境地と同義語であり、煩悩の滅尽であり、また、貪欲の調伏（抑制）、瞋恚の調伏（抑制）、愚痴の調伏（抑制）は「不死」（**amata**：これは涅槃、甘露も意味する）を意味し、八聖道が不死に至る道であるということである。

「貪欲、瞋恚、愚痴を捨て去る道」こそが八支の道であると、こう説いている経典もある（『相応部経典』「閻浮車相応・法語者」、〔ジャンブカーダカについての諸小経典の集成・法を伝える〕、漢訳『雑阿含経』「難等」）。

「法を語る者」とは、貪欲を捨てるために法を語り、瞋恚を捨てるために法を語り、愚痴を捨てるために法を語る者である。「よく行ずる者」とは、貪欲を捨てるためによく行じ、瞋恚を捨てるためによく行じ、愚痴を捨てるためによく行じる者である。「よく到れる者」とは、貪欲、瞋恚、愚痴を捨て去り、その根を断った者である。

既述のように、八聖道はいわゆる「苦行」ではない。しかし、釈尊は出家後のしばらくは苦行を実践している。経典をみてみよう（『中部経典』〔マハーサッチャカ経〕）。

釈尊が実践した苦行は、あるいは、「歯をくいしばり、舌を口蓋におしつけ、心で心をはげしくおさえつけ、強くおしつけ、きびしく苦しめる」という方法であった。これは、あたかも、力の強い者が力の弱い者の頭をつかみ、あるいは肩をつかんで、はげしくおさえつけ、強くおしつけ、きびしく苦しめるようなもので、両脇の下から汗が噴き出た。

あるいは、「呼吸をしない禅をしてみる」という方法をとった。これは、口からも、鼻からも息を吸ったり吐いたりするのをとめるものであったが、そうすると耳管からでる風の音はものすごく大きくなり、まるで鍛冶屋でふいごが発する轟音のようであった。同じ方法をとると、轟く風が頭をつんざき、まるで怪力男が鋭い剣先で首をはねるかのようであった、はげしい頭痛がおきて、まるで怪力男が丈夫な革紐で頭にターバンを巻きつけるようであった、烈風が腹を切りさき、まるで腕のたつ牛の屠殺人の内弟子が使う鋭利な小刀で腹を切りさくようであった、身体にはげしい熱が生じ、まるで怪力の男がふたりで、力の弱い人の両腕をそれぞれつかんで、炭火のおこる坑でじりじりと焼き焦がすようであった。

あるいは、「完全な断食」という方法はとらなかったものの、「少しずつ、少量ずつ、インゲン豆の汁を、ソラ豆の汁を、カラーヤ豆の汁を、ハレーヌカ豆の汁を」という方法をとった。そうすると、手足はまるでアーシーティカ草の節か、カーラ草の節のように、臀部はまるでラクダの足のように、背骨はまるで紡錘を連ねたごとくでこぼこに、肋骨はまるでいまにもつぶれそうな古い家の垂木のように、眼窩は落ちくぼみ、眼だけが光るのが、まるで深い井戸の底の水が光るように、頭皮はまるで熟さぬうちに切りとられて、熱風で萎びたひょうたんのようになった。腹の皮にさわろうと思ってつかんだのは背骨であり、背骨にさわろうと思ってつかんだのは腹の皮であった。腹の皮はしまいには背骨にくっついてしまうほどであった。身体をいたわろうと手で手足をさすると、擦るはしから、腐った毛根とともに体毛が抜けおちた（注：これはいわゆる「釈迦苦行像」に表わされている）。

こうまでした苦行であるが、釈尊は結局、苦行を放棄した。なぜか。この理由を釈尊は、三つの比喩によって示している。

第一の比喩。たとえば、水のなかに湿った生木がおかれているとする。そこに、ある男が火つけ木の上部をもってきて、「火をおこそう。熱を得よう」と思う。これはできるであろうか。問われたアッギヴェッサナは、「君、ゴータマよ、これではだめです。なぜか？　なぜといえば、君、ゴータマよ、それは湿り、生木だからです。しかも、それは水のなかにおかれていたからです。その男は疲労困憊するだけです」と答えた。これを受けて、釈尊はこう説いた。

「いいですか、アッギヴェッサナよ、ちょうどそのように、いかなる沙門たちであれ、バラモンたちであれ、身体によって、もろもろの欲望の対象物から遠離せずに住み、しかもそれらのもろもろの欲望の対象物にたいする欲望の志向、欲望の情愛、欲望の迷妄、欲望の渇き、欲望の灼熱が内面ですっかり捨てられておらず、すっかり止滅していないならば、たとえそれらの尊敬に値する沙門・バラモンたちが、急激な、鋭く、激しい苦の感受をうけても、かれらは知・見・無上等正覚に到達することはありません。たとえそれらの尊敬に値する沙門・バラモンたちが、急激な、鋭く、激しい苦の感受をうけなくても、かれらは知・見・無上等正覚に到達することはありません。」

第二の比喩。たとえば、湿った生木が、水から遠く離れた陸地におかれているとする。そこに、ある男が火つけ木の上部をもってきて、「火をおこそう。熱を得よう」と思う。これはできるであろうか。問われたアッギヴェッサナは、「君、ゴータマよ、これではだめです。なぜか？　なぜといえば、君、ゴータマよ、たとえ、水から遠く離れた陸地におかれていても、それは生木で、湿っているからです。その男は疲労困憊するだけです」と答えた。これを受けて、釈尊はこう説いた。（以下、第一の比喩と同文）

第三の比喩。たとえば、乾燥した枯れ木が、水から遠く離れた陸地におかれている。そこに、ある男が火つけ木の上部をもってきて、「火をおこそう。熱を得よう」と思う。これはできるであろうか。問われたアッギヴェッサナは、「君、ゴータマよ、これならできます。なぜか？　なぜかといえば、君、ゴータマよ、それは乾燥した木片で、枯れ木だからです。しかもそれは水から遠く離れた陸地におかれていたからです」。これを受けて、釈尊は言った。

「いいですか、アッギヴェッサナよ、ちょうどそのように、いかなる沙門たちであれ、バラモンたちであれ、身体によって、もろもろの欲望の対象物から遠離して住み、しかもそれらのもろもろの欲望の対象物にたいする欲望の志向、欲望の情愛、欲望の迷妄、欲望の渇き、欲望の灼熱が内面ですっかり捨てられているならば、たとえそれらの尊敬に値する沙門・バラモンたちが、急激な、鋭く、激しい苦の感受をうけても、かれらは知・見・無上等正覚に到達できます。たとえそれらの尊敬に値する沙門・バラモンたちが、急激な、鋭く、激しい苦の感受をうけなくても、かれらは知・見・無上等正覚に到達できます。」

要するに釈尊は、「身体によって、もろもろの欲望の対象物から遠離せずに住み、しかもそれらのもろもろの欲望の対象物にたいする欲望の志向、欲望の情愛、欲望の迷妄、欲望の渇き、欲望の灼熱が内面ですっかり捨てられておらず、すっかり止滅していない」か、「身体によって、もろもろの欲望の対象物から遠離して住み、しかもそれらのもろもろの欲望の対象物にたいする欲望の志向、欲望の情愛、欲望の迷妄、欲望の渇き、欲望の灼熱が内面ですっかり捨てられている」かが「知・見・無上等正覚」に到達できるかできないかの分かれ道とみなしているのである。苦行するかしないかを分かれ道とみなしていないのである。つまり、欲望を捨て、止滅することが解脱に至る道であるわけである。この道が八聖道である。これは、釈尊思想の根本部分を構成している。

また、すでに言及している、釈尊の「初転法輪」での、快楽主義と苦行主義の両方を排する、いわゆる「中道」論については、注意すべき点がある。この「中道」論を、「極端」を排したものであると解する説が、これまで少なくない、むしろ多い。だが、この説は妥当ではない。もう一度、関係する教説をみてみよう。「比丘たちよ、出家したる者は、二つの極端に親しみ近づいてはならない。その二つとは何であろうか。愛欲に貪著することは、下劣にして卑しく、凡夫の所行である。聖にあらず、役に立たないことである。また、苦行を事とすることは、ただ苦しいだけであって、聖にあらず、役に立たないことである。比丘たちよ、如来は、この二つの極端を捨てて、中道を悟った。それは、眼を開き、智を生じ、寂静・証智・等覚・涅槃にいたらしめる。」

ここには、確かに「極端」という言葉が使われている。しかし、釈尊は「極端」がゆえに、それを捨てよとは言っていない。「極端」がゆえに、でなく、快楽主義は「下劣にして卑しく、凡夫の所行である。聖にあらず、役に立たない」がゆえに、苦行主義は「ただ苦しいだけであって、聖にあらず、役に立たない」がゆえに、それらを捨てるのである。「役に立たない」(anatthasaṁhita)とは、どういうことか。解脱・涅槃に達するのに「役に立たない」ということを意味する。つまり、快楽主義と苦行主義は、「眼を開き、智を生じ、寂静・証智・等覚・涅槃にいたらしめる」のを阻害するがゆえに、それらを捨てるのである。釈尊は、あらゆることを「極端」がゆえに排するとは説いていない。要点は、解脱・涅槃に役に立つか、立たないかである。快楽主義と苦行主義についても、それらが解脱・涅槃に役に立つと釈尊がかりに考えたとすれば（いわゆる六師外道のうちのアジタ・ケーサカンバリンは快楽主義を、ニガンタ・ナータプッタは苦行主義を説いていた）、釈尊はそれらを排することはなかったであろう。釈尊は、あくまでも、それらが解脱・涅槃に役に立たないとみたから、それらを排したのである。釈尊の根本教説の一つである「無我」論は、ある意味では「極端」なものである。しかし、その「無我」論は解脱・涅槃にいたるのに必須であると、釈尊が考えたがゆえに、「無我」論を展開したのである。いわゆる「中道」（majjhima patipadā）論議の陥穽である。

なお、本節の最後にいくらか付言すると、後世においては、八聖道を中核としながらも、解脱の方法として、他に、「四念処《しねんじょ》（四念住）」（身念処、受念処、心念処、法念処の観想法）、「四正勤《ししょうごん》（四正断）」（すでに起こっている悪を断つ努力、いまだ生じていない悪を起こさないようにする努力、いまだ生じていない善を起こす努力、すでに起こっている善を大きくする努力）、「四神足《しじんそく》（四如意足）」（欲神足、勤神足、心神足、観神足）、「五根《ごこん》」（信、勤、念、定、慧）、「五力《ごりき》」（信・勤・念・定・慧の五根で欺・怠・瞋・恨・怨の五障害を克服する力）、「七覚支《しちかくし》」（念、択法、精進、喜、軽安、定、捨）などが説かれるようになる。これらに八聖道を加えて、「37道品《どうほん》」、「37菩提分法《ぼだいぶんぽう》」とも呼ばれている。

第2節　五蘊の理法を知る

釈尊はある経典のなかで（『相応部経典』「蘊相応・近づく」、（存在の構成要素についての集成・執着）、漢訳『雑阿含経』「封滞」）、「色《しき》」（肉体）、「受《じゅ》」（感覚）、「想《そう》」（表象）、「行《ぎょう》」（意志）、「識《しき》」（意識）の五蘊と解脱との関係について、「色」、「受」、「想」、「行」に近づかないで、それらに対する貪りを放棄することで「識」の足場が断たれ、自由、安住、自足、恐れがない境地に達すると説いている（経典の詳細な内容は第二章第2節を参照）。この趣旨は、『相応部経典』「蘊相応・種子」、（存在の構成要素についての集成・執着）、漢訳『雑阿含経』「種子」、および『相応部経典』「蘊相応・感興語」、（存在の構成要素についての集成・感興のことば）、漢訳『雑阿含経』「優陀那」と同じである。

他方、「色」、「受」、「想」、「行」、「識」の五蘊（生に取著する五つの構成要素）のそれぞれについて、取著なき自由の解脱の境地への道を説いている経典もある（『相応部経典』「蘊相応・五取蘊の四転」、（存在の構成要素についての集成・取著するものの転変）、漢訳『雑阿含経』「五転」）。これは、五蘊のそれぞれの構成要素を示し、かつ各要素に四つの変化の相を区分している。後世において整理された経文である。

四つの変化の相（四転）とは、①各要素を「証知する」（「当体」）、②各要素の「生起」を証知する、③各要素の「滅尽」を証知する、④各要素の「滅尽にいたる道」を証知する（「実践」）ことである。

「比丘たちよ、色とはなんであろうか。比丘たちよ、四つの元素（地・水・火・風）と、四つの元素によって造られたる物、これを名づけて色となす。それを養うものがあって色の生起がある。それを養うものがなくなって色の滅尽がある。また、その滅尽にいたる道とは八支の聖道である。いわく、正見、正思、正語、正業、正命、正精進、正念、正定である。

比丘たちよ、もろもろの沙門・婆羅門が、このように色を証知し、このように色の滅尽を証知し、そして、このように色の滅尽にいたる道を証知して、よく色を厭い離れ、よく貪りを離れ、よくその滅尽に向うならば、それはその道に順うものである。よくその道に順うものは、確乎としてその法と律のなかに立つものである。

また、比丘たちよ、もろもろの沙門・婆羅門にして、よくこのような色を証知し、このように色の生起を証知し、このように色の滅尽を証知し、そして、このように色の滅尽にいたる道を証知して、よく色を厭い離れ、よく貪りを離れ、よくその滅尽にいたるならば、彼はもはや取著なきによりて自由となり、よく解脱せるものとなる。そして、よく解脱すれば、その人はすでに完成したのであり、完成すれば、その時もはや輪廻などというものはありえないのである。」

「では、比丘たちよ、受とはなんであろうか。比丘たちよ、六つの感受する器官（注：眼、耳、鼻、舌、身、意の六処）のはたらきである。いわく、眼の触れて生ずる感覚、耳の触れて生ずる感覚、鼻の触れて生ずる感覚、舌の触れて生ずる感覚、身の触れて生ずる感覚、意の触れて生ずる感覚である。比丘たちよ、これらを名づけて受となす。そこでは、接触があって受の生起がある。接触がなくなって受の滅尽がある。そして、その滅尽にいたる道とは八支の聖道である。いわく、正見、正思、正語、正業、正命、正精進、正念、正定である。

比丘たちよ、もろもろの沙門・婆羅門にして、よくこのような受を証知し、よく受を厭い離れ、よく貪りを離れ、よくその滅尽にいたるならば、彼はもはや取著なきによりて自由となり、よく解脱せるものとなる。そして、よく解脱すれば、その人はすでに完成したのであり、完成すれば、その時もはや輪廻などというものはありえないのである。」

「では、比丘たちよ、想とはなんであろうか。比丘たちよ、六つの表象する作用である。いわく、色の表象、声の表象、香の表象、味の表象、感触の表象、および観念の表象である。これらを名づけて想という。そこでも、接触があって想の生起がある。接触がなくなって想の滅尽がある。そして、その滅尽にいたる道とは八支の聖道である。いわく、正見、正思、正語、正業、正命、正精進、正念、正定である。

比丘たちよ、もろもろの沙門・婆羅門にして、よくこのような想を証知し、よく想を厭い離れ、よく貪りを離れ、よくその滅尽にいたるならば、彼はもはや取著なきによりて自由となり、よく解脱せるものとなる。そして、よく解脱すれば、その人はすでに完成したのであり、完成すれば、その時もはや輪廻などというものはありえないのである。」

「では、比丘たちよ、行とはなんであろうか。比丘たちよ、六つの意志するいとなみである。いわく、色への意志、声への意志、香への意志、味への意志、感触への意志、観念への意志である。これらを名づけて行という。そこでも、接触があって行の生起がある。接触がなくなって行の滅尽がある。そして、その滅尽にいたる道とは八支の聖道である。いわく、正見、正思、正語、正業、正命、正精進、正念、正定である。

比丘たちよ、もろもろの沙門・婆羅門にして、よくこのような行を証知し、よく行を厭い離れ、よく貪りを離れ、よくその滅尽にいたるならば、彼はもはや取著なきによりて自由となり、よく解脱せるものとなる。そして、よく解脱すれば、その人はすでに完成したのであり、完成すれば、その時もはや輪廻などというものはありえないのである。」

「では、比丘たちよ、識とはなんであろうか。比丘たちよ、それは六つの意識するいとなみである。いわく、眼の意識、耳の意識、鼻の意識、舌の意識、身の意識、意の意識である。これらを名づけて識という。そこでは、名と色（注：精神的な面と物質的な面、それらによって心身すなわち個人存在をあらわす）があるによりて識の生起がある。名がなく色がなくなって識の滅尽がある。そして、その滅尽にいたる道とは八支の聖道である。いわく、正見、正思、正語、正業、正命、正精進、正念、正定である。

比丘たちよ、もろもろの沙門・婆羅門が、このように識を証知し、このように識の滅尽を証知し、そして、このように識の滅尽にいたる道を証知して、よく識を厭い離れ、よく貪りを離れ、よくその滅尽に向うならば、それはその道に順うものである。よくその道に順うものは、確乎としてその法と律のなかに立つものである。

比丘たちよ、もろもろの沙門・婆羅門にして、よくこのような識を証知し、そして、このように識の滅尽にいたる道を証知して、よく識を厭い離れ、よく貪りを離れ、よくその滅尽にいたるならば、彼はもはや取著なきによりて自由となり、よく解脱せるものとなる。そして、よく解脱すれば、その人はすでに完成したのであり、完成すれば、その時もはや輪廻などというものはありえないのである。」

この経典においては、色、受、想、行、識の「五蘊」、およびこの五蘊と不可分である「六つの感受する器官のはたらき」（眼の触れて生ずる感覚、耳の触れて生ずる感覚、鼻の触れて生ずる感覚、舌の触れて生ずる感覚、身の触れて生ずる感覚、意の触れて生ずる感覚）、「六つの表象する作用」（色の表象、声の表象、香の表象、味の表象、感触の表象、観念の表象）、「六つの意志するいとなみ」（色への意志、声への意志、香への意志、味への意志、感触への意志、観念への意志）、「六つの意識するいとなみ」（眼の意識、耳の意識、鼻の意識、舌の意識、身の意識、意の意識）が説明され、そして「五蘊」、「六つの感受する器官のはたらき」、「六つの表象する作用」、「六つの意志するいとなみ」、「六つの意識するいとなみ」を知り、それらの生起を知り、それらの滅尽を知り、それらの滅尽にいたる道を知ることが説かれている。これらの滅尽にいたる道が八聖道であるわけである。

　上記の経典はかなり整理され理論化されているが、釈尊思想の根幹は把握されている。また、五蘊に人が取著するのは、五蘊が人の心を酔わせるものであるからだと説いている経典がある（『相応部経典』「蘊相応・蘊」、（存在の構成要素についての集成・存在の構成要素）、漢訳『雑阿含経』「陰」）。

「比丘たちよ、あらゆる色は、それが過去のものであれ、未来のものであれ、また現在のものであれ、あるいは、内外、精粗、勝劣、遠近の別をとわず、それらはすべて、人の心を酔わせるものであり、生に取著するものである。かくて、それらは、すべて名づけて色取蘊《しきしゅうん》となす。

　比丘たちよ、あらゆる受は、それが過去のものであれ、未来のものであれ、また現在のものであれ、あるいは、内外、精粗、勝劣、遠近の別をとわず、それらはすべて、人の心を酔わせるものであり、生に取著するものである。かくて、それらは、すべて名づけて受取蘊となす。

比丘たちよ、あらゆる想は、それが過去のものであれ、未来のものであれ、また現在のものであれ、あるいは、内外、精粗、勝劣、遠近の別をとわず、それらはすべて、人の心を酔わせるものであり、生に取著するものである。かくて、それらは、すべて名づけて想取蘊となす。

比丘たちよ、あらゆる行は、それが過去のものであれ、未来のものであれ、また現在のものであれ、あるいは、内外、精粗、勝劣、遠近の別をとわず、それらはすべて、人の心を酔わせるものであり、生に取著するものである。かくて、それらは、すべて名づけて行取蘊となす。

比丘たちよ、あらゆる識は、それが過去のものであれ、未来のものであれ、また現在のものであれ、あるいは、内外、精粗、勝劣、遠近の別をとわず、それらはすべて、人の心を酔わせるものであり、生に取著するものである。かくて、それらは、すべて名づけて識取蘊となす。」

五蘊が人の心を酔わせるものであるのはなぜか。ある経典はこう言う（『相応部経典』「蘊相応・マハーリ」、〔存在の構成要素についての集成・マハーリ〕、漢訳『雑阿含経』「富蘭那」）。色、受、想、行、識の五蘊が、「苦しみばかりであり、苦しみを受け、苦しみをもたらし、楽しみをもたらさなければ」、人々は五蘊に執著しないであろう。しかし、五蘊というものは楽しいものである。楽しみをもたらし、苦しみをもたらさない。それゆえ、人々は五蘊に執著する。執著するので束縛されるので汚れるのである。色、受、想、行、識の五蘊が、「楽しみばかりであり、楽しみを受け、苦しみをもたらさなければ」、人々は五蘊について厭わないであろう。しかるに、五蘊というものは苦しいものであり、苦しみを受け、苦しみをもたらし、楽しみをもたらさないものである。それゆえに、人々は五蘊について厭う。厭うと染まらない。染まらないので清浄になるのである。

この経は、五蘊は楽しいものであるがため人々はそれに執著し、執著するので束縛され、束縛されるので汚れる、と説いている。釈尊は五蘊の表面的、現象的な楽しさの深層に究極的な苦をみている。釈尊は、五蘊からなる人間の存在そのものについて極めて鋭い、かつシビアな分析をしている。釈尊の解脱・涅槃はこれを土台としている。

『テーラガーター』のなかに、人々が五蘊に由来する欲情に執著し、安らぎから遠く隔っているさまを平易、具体的に語っているのがある。少し長いが、重要なので次に記す。

794「愛らしく好ましいすがたに心をとどめる人は、いろ・かたちを見ては、心の落ち着きが失なわれる。欲情に染まった心をもって、それを感受し、それに執著したままでいる。」

795「いろ・かたちから生ずるかれの多数の感受は増大する。かれの貪欲と悩害心もまた増大する。そこでかれの心は害なわれる。このように苦しみを積みかさねる人は、安らぎから遠く隔っている、と言われる。」

796「愛らしく好ましいすがたに心をとどめる人は、音声を聞いては、心の落ち着きが失なわれる。欲情に染まった心をもって、それを感受し、それに執著したままでいる。」

797「音声から生ずるかれの多数の感受は増大する。かれの貪欲と悩害心もまた増大する。そこでかれの心は害なわれる。このように苦しみを積みかさねる人は、安らぎから遠く隔っている、と言われる。」
７９８「愛らしく好ましいすがたに心をとどめる人は、香りを嗅いでは、心の落ち着きが失なわれる。欲情に染まった心をもって、それを感受し、それに執著したままでいる。」
７９９「香りから生ずるかれの多数の感受は増大する。かれの貪欲と悩害心もまた増大する。そこでかれの心は害なわれる。このように苦しみを積みかさねる人は、安らぎから遠く隔っている、と言われる。」
８００「愛らしく好ましいすがたに心をとどめる人は、味を味わっては、心の落ち着きが失なわれる。欲情に染まった心をもって、それを感受し、それに執著したままでいる。」
８０１「味から生ずるかれの多数の感受は増大する。かれの貪欲と悩害心もまた増大する。そこでかれの心は害なわれる。このように苦しみを積みかさねる人は、安らぎから遠く隔っている、と言われる。」
８０２「愛らしく好ましいすがたに心をとどめる人は、触れられるものに触れては、心の落ち着きが失なわれる。欲情に染まった心をもって、それを感受し、それに執著したままでいる。」
８０３「触れられるものから生ずるかれの多数の感受は増大する。かれの貪欲と悩害心もまた増大する。そこでかれの心は害なわれる。このように苦しみを積みかさねる人は、安らぎから遠く隔っている、と言われる。」
８０４「愛らしく好ましいすがたに心をとどめる人は、思考の対象を知っては、心の落ち着きが失なわれる。欲情に染まった心をもって、それを感受し、それに執著したままでいる。」

805「思考の対象から生ずるかれの多数の感受は増大する。かれの貪欲と悩害心もまた増大する。そこでかれの心は害なわれる。このように苦しみを積みかさねる人は、安らぎから遠く隔っている、と言われる。」

『テーラガーター』は続いて、これらの欲情に執著しないで、それを克服し解脱することを説く。

806「かれは、もろもろのいろ・かたちになずまない。いろ・かたちを見ては、よく気をつけている。心に愛執を離れて感知し、しかもそれに執著していない。」

807「かれはいろ・かたちを見て、感受作用を感じていても、（業が）尽きて、もはや積まれることがないように、気をつけてくらしている。かれはこのようにして苦しみを除いて行くので、安らぎはかれの近くにある、と言われる。」

808「かれは、もろもろの音声になずまない。音声を聞いては、よく気をつけている。心に愛執を離れて感知し、しかもそれに執著していない。」

809「かれは音声を聞いて、感受作用を感じていても、（業が）尽きて、もはや積まれることがないように、気をつけてくらしている。かれはこのようにして苦しみを除いて行くので、安らぎはかれの近くにある、と言われる。」

810「かれは、もろもろの香りになずまない。香りを嗅いでは、よく気をつけている。心に愛執を離れて感知し、しかもそれに執著していない。」

811「かれは香りを嗅いで、感受作用を感じていても、（業が）尽きて、もはや積まれることがないように、気をつけてくらしている。かれはこのようにして苦しみを除いて行くので、安らぎはかれの近くにある、と言われる。」
812「かれは、もろもろの味になずまない。味を味わっては、よく気をつけている。心に愛執を離れて感知し、しかもそれに執著していない。」
813「かれは味を味わって、感受作用を感じていても、（業が）尽きて、もはや積まれることがないように、気をつけてくらしている。かれはこのようにして苦しみを除いて行くので、安らぎはかれの近くにある、と言われる。」
814「かれは、もろもろの触れられるものになずまない。触れられるものに触れては、よく気をつけている。心に愛執を離れて感知し、しかもそれに執著していない。」
815「かれは触れられるものに触れて、感受作用を感じていても、（業が）尽きて、もはや積まれることがないように、気をつけてくらしている。かれはこのようにして苦しみを除いて行くので、安らぎはかれの近くにある、と言われる。」
816「かれは、もろもろの思考の対象になずまない。思考の対象を識別しては、よく気をつけている。心に愛執を離れて感知し、しかもそれに執著していない。」
817「かれは思考の対象を識別して、感受作用を感じていても、（業が）尽きて、もはや積まれることがないように、気をつけてくらしている。かれはこのようにして苦しみを除いて行くので、安らぎはかれの近くにある、と言われる。」

釈尊は、五蘊の理法を五蘊の「無常」、「苦」、「無我」の観点から説いている。この観点は釈尊思想において重要な位置を占めている。経典をみてみよう（『相応部経典』「蘊相応・無常」、〔存在の構成要素についての集成・無常であること〕、漢訳『雑阿含経』「清浄」。なお、ここでの「無我」は、中村元監訳の春秋社版『原始仏典』では「非我」と訳されている）。

「比丘たちよ、色は無常である。無常であるから苦である。苦であるから無我である。無我であるから、これはわが所有《もの》にあらず、我にあらず、またわが本体でもない。そのように正しき智慧をもって如実に見るがよい。そのように正しき智慧をもって見れば、その心は執するところなく、煩悩を離れて解脱するであろう。

比丘たちよ、受は無常である。無常であるから苦である。苦であるから無我である。無我であるから、これはわが所有にあらず、我にあらず、またわが本体でもない。そのように正しき智慧をもって如実に見るがよい。そのように正しき智慧をもって見れば、その心は執するところなく、煩悩を離れて解脱するであろう。

比丘たちよ、想は無常である。無常であるから苦である。苦であるから無我である。無我であるから、これはわが所有にあらず、我にあらず、またわが本体でもない。そのように正しき智慧をもって如実に見るがよい。そのように正しき智慧をもって見れば、その心は執するところなく、煩悩を離れて解脱するであろう。

比丘たちよ、行は無常である。無常であるから苦である。苦であるから無我である。無我であるから、これはわが所有にあらず、我にあらず、またわが本体でもない。そのように正しき智慧をもって如実に見るがよい。そのように正しき智慧をもって見れば、その心は執するところなく、煩悩を離れて解脱するであろう。

比丘たちよ、識は無常である。無常であるから苦である。苦であるから無我である。無我であるから、これはわが所有にあらず、我にあらず、またわが本体でもない。そのように正しき智慧をもって如実に見るがよい。そのように正しき智慧をもって見れば、その心は執するところなく、煩悩を離れて解脱するであろう。」

「無我」を理解するには、「我」の趣旨を押さえておかなければならない。「我」の意味を説いている経典がある（『相応部経典』「蘊相応・道」、〈存在の構成要素についての集成・道〉、漢訳『雑阿含経』「其道」）。

「比丘たちよ、わたしは、汝らのために、この身という考え方の成立にいたる道と、この身という考え方の滅尽にいたる道とを説こうと思う。よく聞くがよい。

比丘たちよ、では、この身という考え方の成立にいたる道とはなんであろうか。

比丘たちよ、ここに、いまだ教えを聞かぬ人々があるとするがよい。彼らはいまだ聖者にまみえず、聖者の法を知らず、あるいは、いまだ善き人を見ず、善き人の法を知らず、善き人の法を行ぜず、だから、彼らは、色は我である、われは色を有す、わがうちに色がある、あるいは、色のなかに我があると考える。

また、彼らは、受は我である、われは受を有す、わがうちに受がある、あるいは、受のなかに我があると考える。

また、彼らは、想は我である、われは想を有す、わがうちに想がある、あるいは、想のなかに我があると考える。

また、彼らは、行は我である、われは行を有す、わがうちに行がある、あるいは、行のなかに我があると考える。

また、彼らは、識は我である、われは識を有す、わがうちに識がある、あるいは、識のなかに我があると考える。

比丘たちよ、これを呼んで、〈この身という考え方の成立にいたる道だ、この身という考え方の成立にいたる道だ〉というのである。だからして、比丘たちよ、そのいう意味は、これこそ〈苦の生起にいたる考え方だ〉ということである。

では、比丘たちよ、この身という考え方の滅尽にいたる道とはなんであろうか。

比丘たちよ、ここに、わたしの教えを聞いた聖なる弟子たちがあるとするがよい。彼らはすでに聖者にまみえ、聖者の法を知り、聖者の法を行じた。あるいは、すでに善き人にまみえ、善き人の法を知り、善き人の法を行じた。だから、彼らは、もはや、色は我である、われは色を有す、わがうちに色がある、あるいは、色のなかに我があると考えない。

また、彼らは、もはや、受は我である、われは受を有す、わがうちに受がある、あるいは、受のなかに我があると考えない。

また、彼らは、もはや、想は我である、われは想を有す、わがうちに想がある、あるいは、想のなかに我があると考えない。

また、彼らは、もはや、行は我である、われは行を有す、わがうちに行がある、あるいは、行のなかに我があると考えない。

また、彼らは、もはや、識は我である、われは識を有す、わがうちに識がある、あるいは、識のなかに我があると考えない。

比丘たちよ、これを呼んで、〈この身という考え方の滅尽にいたる道だ、この身という考え方の滅尽にいたる道だ〉というのである。だからして、比丘たちよ、そのいう意味は、これこそ〈苦の滅尽にいたる考え方だ〉ということである。」

要するに、無我とは、五蘊（色、受、想、行、識）は我である、われは五蘊を有す、わがうちに五蘊がある、あるいは、五蘊のなかに我がある、と考えないことであり、これが、この身という考え方の滅尽にいたる道であるわけである。この前提として、既述のように、五蘊は無常である、無常であるから苦である、苦であるから無我である、無我であるから、これはわが所有にあらず、我にあらず、またわが本体でもない、という考え方がある。この「無我」論は、人間存在の本質に対する釈尊の驚くべき洞察である。

また、釈尊思想においては、五蘊が無常、苦、無我であるのみならず、五蘊を生起させる「因」と「縁」も無常、苦、無我である（『相応部経典』「蘊相応・因」、〔存在の構成要素についての集成・原因〕、漢訳『雑阿含経』「因」）。

「色は無常である。色を生起せしむる因と縁も無常である」、「色は苦である。色を生起せしむる因と縁も苦である」、「色は無我である。色を生起せしむる因と縁も無我である」。「無常なるものによって生起した色が、どうして常なることがあろうか」。以下、受、想、行、識のそれぞれについても同旨。

第3節　縁起の理法を知る

「縁起」（paṭicca-samuppāda、英訳：causal genesis、dependent origination）の理法の本来的趣旨は、簡潔には、「これが有れば、かれ（これ）が有る。これが無ければ、かれ（これ）が無い」、「これが起これば、かれ（これ）が起こる。これが滅すれば、かれ（これ）が滅する」ということである。縁起の理法を知ることは、五蘊の理法を知ることと同じく、究極的には、苦の生起と滅尽の理法を知って解脱するためである。

縁起は「因縁」（nidāna）とも連関があり、「因」（hetu）は原因あるいは直接原因、「縁」（paccaya）は条件あるいは間接原因とも訳されているが、因と縁は截然と区別されているわけではない。

経典をみてみる（『相応部経典』「因縁相応・大釈迦牟尼瞿曇《ぐどん》」、〈因縁についての集成・偉大な釈迦族の牟尼であるゴータマ仏〉、漢訳『雑阿含経』「仏縛」）。

釈尊は、もろもろの比丘たちに説いた。

「比丘たちよ、わたしはまだ正覚を成就しなかった菩薩であったころ、心ひたすらにかように考えた。〈まことにこの世間は苦のなかにある。生れ、老い、衰え、死し、また生れ、それでもなお、この苦を出離することを知らず、この老死を出離することを知らない。いったい、いつになったら、この苦の出離を知り、この老死を出離することを知ることができるであろうか〉

比丘たちよ、その時、わたしはかように考えたのである。

〈なにがあるがゆえに、老死（jarāmaraṇa）があるのであろうか。なにに縁って老死があるのであろうか〉と。

比丘たちよ、その時、わたしは、正しい思惟と智慧とをもって、かように解することをえた。〈生（出生 jāti）があるがゆえに、老死があるのである。生に縁って老死があるのである〉と。

比丘たちよ、その時、わたしはまたかように考えたのである。〈なにがあるがゆえに、生があるのであろうか。なにに縁って生があるのであろうか〉と。

比丘たちよ、その時、わたしはまた、正しい思惟と智慧とをもって、かように解することをえた。〈有《う》（生存 bhava）があるがゆえに、生があるのである。有に縁って生があるのである〉と。

比丘たちよ、その時、わたしはまた、正しい思惟と智慧とをもって、かように解することをえた。〈取（取著 upādāna）があるがゆえに、有があるのである。取に縁って有があるのである〉と。

比丘たちよ、その時、わたしはまた、正しい思惟と智慧とをもって、かように解することをえた。〈愛（渇愛 taṇhā）があるがゆえに、取があるのである。愛に縁って取があるのである〉と。

比丘たちよ、その時、わたしはまた、正しい思惟と智慧とをもって、かように解することをえた。〈受（感覚 vedanā）があるがゆえに、愛があるのである。受に縁って愛があるのである〉と。

比丘たちよ、その時、わたしはまた、正しい思惟と智慧とをもって、かように解することをえた。〈触

（接触 phassa）があるがゆえに、受があるのである。触に縁って受があるのである〉と。

比丘たちよ、その時、わたしはまた、正しい思惟と智慧とをもって、かように解することをえた。〈六処（六つの認識の場 saḷāyatana）があるがゆえに、触があるのである。六処に縁って受があるのである〉と。

比丘たちよ、その時、わたしはまた、正しい思惟と智慧とをもって、かように解することをえた。〈名色（nāma-rūpa：精神的存在と物質的存在、五蘊を指す、名＝受、想、行、識）があるがゆえに、六処があるのである。名色に縁って六処があるのである〉と。

比丘たちよ、その時、わたしはまた、正しい思惟と智慧とをもって、かように解することをえた。〈識（意識）があるがゆえに、名色があるのである。識に縁って名色があるのである〉と。

比丘たちよ、その時、わたしはまた、正しい思惟と智慧とをもって、かように解することをえた。〈行（意志）があるがゆえに、識があるのである。行に縁って識があるのである〉と。

比丘たちよ、その時、わたしはまた、正しい思惟と智慧とをもって、かように解することをえた。〈無明（無知 avijjā）があるがゆえに、行があるのである。無明によって行があるのである〉と。

そのようにして、比丘たちよ、この無明によって行がある。行によって識がある。識によって名色がある。名色によって六処がある。六処によって触がある。触によって受がある。受によって愛がある。愛によって取がある。取によって有がある。有によって生がある。また生によって老死があり、愁・悲・苦・憂・悩が生ずるのである。これがすべての苦の集積のよりて成るところである。

比丘たちよ、〈これが縁りてなるところである。これが縁りてなるところである〉と、まだ聞いたこともない真理に、眼をひらき、智を生じ、慧を生じ、悟りを生じ、光明を生ずることをえた。」

「比丘たちよ、その時、わたしは、かように考えたのである。〈なにがなければ、老死がないのであろうか。なにを滅すれば、老死が滅するのであろうか〉と。比丘たちよ、その時、わたしはまた、正しい思惟と智慧とをもって、かように解することをえた。〈生がなければ、老死はないのである。生を滅することによって、老死を滅することをうるのである〉と。

比丘たちよ、その時、わたしはまた、かように考えたのである。〈なにがなければ、生がないであろうか。なにを滅すれば、生を滅することをうるであろうか〉と。比丘たちよ、その時、わたしはまた、正しい思惟と智慧とをもって、かように解することをえた。〈有がなければ、生はないのである。有を滅することによって、生を滅することをうるのである〉と。

比丘たちよ、そのようにして、無明の滅によって行の滅がある。行の滅によって識の滅がある。識の滅によって名色の滅がある。名色の滅によって六処の滅がある。六処の滅によって触の滅がある。触の滅によって受の滅がある。受の滅によって愛の滅がある。愛の滅によって取の滅がある。取の滅によって有の滅がある。有の滅によって生の滅がある。生の滅することによって、老死の滅があり、愁・悲・苦・憂・悩が滅するのである。これがすべての苦の集積の滅する所以である。

比丘たちよ、〈これで滅することができるのだ。これで滅することができるのだ〉と、いまだかつて聞いたこともない真理に、わたしは眼をひらき、智を生じ、慧を生じ、悟りを生じ、光明を生ずることをえた。」

この経典において、「これが有れば、かれが有る。これが無ければ、かれが無い」、「これが滅すれば、かれが滅する」の内容が示されている。

このうち、「これが有れば、かれが有る」は、いわゆる「順観」といわれるものであり、生起の筋道である（＝迷いの世界）。「これが無ければ、かれが無い」、「これが滅すれば、かれが滅する」は、いわゆる「逆観」といわれるものであり、滅尽の筋道である（＝解脱への道）。これが縁起の理法であり、これを知ることによって、解脱に至るとされるのである。（『相応部経典』「因縁相応・ヴィパッシー（毘婆尸）」、（因縁についての集成・ヴィパッシン仏）、漢訳『雑阿含経』「毘婆尸等」なども参照。）

縁起の理法は、「葦束」の譬えで説かれてもいる。名色によって識があり、識によって名色があり、名色によって六処があり、六処によって名色があるなどのように、二つの葦束は相依って立っている。逆に、それらの葦束のうち、そのいずれか一つを取り去ったならば、他の一つも倒れ、他の一つを取り去ったならば、他の一つも倒れるであろう。これと同じく、名色が滅することによって、識は滅する。識が滅することによって、名色が滅するのであり、さらには名色が滅することによって、六処が滅するなどするのである。生起と滅尽の理法である（『相応部経典』「因縁相応・葦束」、（因縁についての集成・芦の束）、漢訳『雑阿含経』「葦」）。

また、縁起の理法は八聖道と不可分である。釈尊は、八聖道によって「縁の滅」に至ることを説いている。ある経は、老死、生、有、取、愛、受、触、六処、名色、識、行、無明の十二縁起（十二支縁起）について、具体的に説明している（『相応部経典』「因縁相応・縁」、（因縁についての集成・縁））。

「比丘たちよ、無明によりて行がある。行によりて識がある。識によりて名色がある。名色によりて六処がある。六処によりて触がある。触によりて受がある。受によりて愛がある。愛によりて取がある。取によりて有がある。有によりて生がある。生によりて老死があり、愁・悲・苦・憂・悩がある。かくのごときがこのすべての苦の集積のよりてなるところである。

では、比丘たちよ、老死とはなんであろうか。生きとし生けるものが、老い衰え、朽ち破れ、髪しろく、皺を生じて、齢かたぶき、諸根のやつれたる、これを老というのである。また、生きとし生けるものが、命おわり、息絶え、身躯やぶれて、死して遺骸となり、打ち棄てられる。これを死というのである。この老いと死とを、比丘たちよ、老死というのである。

生を原因とすることによって、老死は起るのであり、生の滅することによって、老死は滅するのである。そして、この聖なる八支《はっし》の正道だけが、老死の滅にいたる道なのである。すなわち、正見・正思・正語・正業・正命・正精進・正念・正定がそれである。

また、比丘たちよ、生（出生）とはなんであろうか。生きとし生けるものが、生れて、身体の各部あらわれ、手足そのところをえたる、比丘たちよ、これを生というのである。

また、比丘たちよ、有（存在）とはなんであろうか。比丘たちよ、それには三つの存在がある。欲界すなわち欲望の世界における存在と、色界すなわち物質の世界における存在と、無色界すなわち抽象の世界における存在である。比丘たちよ、これを有というのである。

また、比丘たちよ、取（取著）とはなんであろうか。比丘たちよ、それには四つの取著がある。欲にたいする取著、見（所見）にたいする取著、戒（戒禁）にたいする取著、我にたいする取著がそれである。比丘たちよ、これを取というのである。

比丘たちよ、また、愛（渇愛）とはなんであろうか。比丘たちよ、それには六つの渇愛がある。物にたいする渇愛、声に対する渇愛、香にたいする渇愛、味にたいする渇愛、感触にたいする渇愛、法にたいする渇愛がそれである。比丘たちよ、それを愛というのである。

比丘たちよ、また、受（感覚）とはなんであろうか。それには六つの感覚がある。眼の接触によりて生ずる感覚、耳の接触によりて生ずる感覚、鼻の接触によりて生ずる感覚、舌の接触によりて生ずる感覚、身体の接触によりて生ずる感覚、ならびに、意の接触によりて生ずる感覚がそれである。比丘たちよ、これを受というのである。

比丘たちよ、また、触（接触）とはなんであろうか。比丘たちよ、それには六つの接触がある。すなわち、眼による接触、耳による接触、鼻による接触、舌による接触、身体による接触、意による接触がそれである。比丘たちよ、これを触というのである。

比丘たちよ、また、六処（六根六境によってなる認識）とはなんであろうか。眼の認識と、耳の認識と、鼻の認識と、舌の認識と、身の認識と、意の認識とである。比丘たちよ、これを六処というのである。

比丘たちよ、また、名色（五蘊）とはなんであろうか。受（感覚）と想（表象）と思（思惟）と触（接触）と識（識別）と、これを名というのである。また、四大種（地・水・火・風）およびそれによって成れるもの、これを色というのである。つまり、そのような名とそのような色とを、名色というのである。

比丘たちよ、また、識（識別）とはなんであろうか。比丘たちよ、それには六つの識がある。すなわち、眼識と耳識と鼻識と舌識と身識と意識とがそれである。比丘たちよ、これを識というのである。比丘たちよ、また、行（意志）とはなんであろうか。比丘たちよ、それには三つの行がある。すなわち、身における行と、口における行と、心における行とがそれである。比丘たちよ、これを行というのである。

比丘たちよ、無明を原因として行の生起があり、また、無明を滅することにより行の滅がある。そして、この聖なる八支の正道だけが、行の滅にいたる道なのである。すなわち、正見・正思・正語・正業・正命・正精進・正念・正定がそれである。

比丘たちよ、聖なる弟子たるものは、かくのごとく縁を知り、かくのごとく縁によって起ることを知り、かくのごとく縁の滅することを知り、また、縁の滅にいたる道を知る。比丘たちよ、これを、聖なる弟子は、正しい見解に達したといい、正しい明察を得たといい、学習の智慧を具えたといい、あるいは、法の流れに入ったといい、この世の不幸を洞察する聖なる智慧を得たといい、不死（amata）の扉を打ちて立つというのである。」

つまるところ、縁起の理法を知るとは、縁を知り、縁によって起ることを知り（無明→行→識→名色→六処→触→受→愛→取→有→生→老死・愁・悲・苦・憂・悩）、縁の滅することを知り（無明の滅→行の滅→識の滅→名色の滅→六処の滅→触の滅→受の滅→愛の滅→取の滅→有の滅→生の滅→老死・愁・悲・苦・憂・悩の滅）、縁の滅にいたる道すなわち正見・正思・正語・正業・正命・正精進・正念・正定の八正道（八聖道）を知ることによって、不死の扉すなわち解脱の境地に達することである。

なお、上記の経では、具体的説明が欠けている「無明」について、別の経に、「無明（無智）とはなんであろうか。比丘たちよ、苦についての無智、苦の生起についての無智、苦の滅尽についての無智、および苦の滅尽にいたる道についての無智である。比丘たちよ、これを無明というのである」と説明されている（『相応部経典』「因縁相応・分別」、〔因縁についての集成・分析〕、漢訳『雑阿含経』「法説義説」。『相応部経典』「因縁相応・比丘」、〔因縁についての集成・比丘〕、漢訳『雑阿含経』「老死」も参照）。

「十二支」という数については、経典によって異同がある。たとえば、六支、九支、十支などがあるが、十二支が最も遅くに成立したとされる。ただし、十二支以上の項目を立てている経典もある（縁起説の発展の詳細は、中村元『原始仏教の思想Ⅱ』第6編第3章、中村元選集〔決定版〕第16巻、春秋社、1994年を参照）。

また、縁起説の最も古型の表現は極めてシンプルである。この例として、『相応部経典』「比丘尼相応・セーラー」、〔尼僧に関する集成・セーラー尼〕、漢訳『雑阿含経』「鼻黎」がある。

「あしきもの魔羅」は「セーラー比丘尼」に、偈でもって語りかけた。

「この身を作れるは誰ぞ
この身の作者はいずこぞや
いずこよりこの身は生じ
いずこへかこの身は滅する」

「セーラー比丘尼」は偈でもって答えた。

「この身はみずから作りしものならず
この身は他者の作りしものならず
因あるによりて生じたるなり
因なきによりて滅するなり
たとえば、一粒の種子ありて
そが田にまかれたる時
地味と暖味の二つにより
やがて萌えいずるがごとし
かくのごとく、四大・五蘊
ならびに六処のこの身もまた
因あるによりて生ずるなり
因滅してまた滅するなり」

第4節　解脱に役立たない問いには「無記」

「無記」のパーリ語は〝avyākata〟であり、ある問いに対して明確に答えない、答えを回避する、捨て置くことを意味する。「無記答」、「捨置記」ともいわれる。しかし、関係の経典をみてみると、徹頭徹尾に無記であるわけではない。なぜ「無記」であるのかについては説明をしている。このことは注意すべきである。（なお、「無記」には、いわゆる「十難無記」と「十四難無記」がある。三枝充悳は、「十難無記」は「十四難無記」より古く、また、「十難無記」はパーリと漢訳の両方に説かれているが、「十四難無記」は漢訳にのみ出ていると分析している、前出『初期仏教の思想』「序論第一・第二章」）

「無記」の理由の説明の仕方には二種類ある。

一つの種類は、五蘊の理法の観点から説明するものである（『相応部経典』「無記説相応・ヴァッチャ」、〈無記についての集成・ヴァッチャ〉、漢訳『雑阿含経』「未曽有」）。

ヴァッチャ姓の遊行者が釈尊に対して、次のような問いを発した。

「世間は常恒でありましょうか」、「世間は無常でありましょうか」、「世間は有限でありましょうか」、「世間は無限でありましょうか」、「霊と身とは同一でありましょうか」、「霊と身とは別々でありましょうか」、「人は死後もなお存するでありましょうか」、「人は死後はもはや存しないでありましょうか」、「人は死してのち、なお存し、また、もはや存しないのでありましょうか」、「人は死してのち、存在せず、また、存在せざるにもあらぬのでありましょうか」。

これらの問いに対して、釈尊は、いずれもそうであるとは「わたしは言わない」と答えている。ヴァッチャは、その理由を問うた。釈尊は、こう答えた。

「ヴァッチャよ、外道の遊行者たちは、色を我と見る。あるいは、われは色を有すと思い、あるいは、われに色ありと思い、あるいはまた、色に我ありと思う。また、彼らは、受を我と思う。あるいは、われは受を有すと思い、あるいは、われに受ありと思い、あるいはまた、受に我ありと思う。また、彼らは、想を我と思う。あるいは、われは想を有すと思い、あるいは、われに想ありと思い、あるいはまた、想に我ありと思う。また、彼らは、行を我と思う。あるいは、われは行を有すと思い、あるいは、われに行ありと思い、あるいはまた、行に我ありと思う。また、彼らは、識を我と思う。あるいは、われは識を有すと思い、あるいは、われに識ありと思い、あるいはまた、識に我ありと思う。だからして彼らは、そのように問われると、あるいは、〈世間は常恒である〉とか、〈世間は無常である〉とか、〈世間は有限である〉とか、〈世間は無限である〉とか、〈霊と身とは別々である〉とか、〈人は死後もなお存する〉とか、〈人は死後はもはや存しない〉とか、〈霊と身とは同一である〉とか、〈人は死してのち、なお存し、また、もはや存しない〉とか、〈人は死してのち、存在せず、また、存在せざるにもあらず〉などと答えるのである。

だが、ヴァッチャよ、わたしは、色を我と見ない。あるいは、われは色を有すとも思わず、あるいは、われに色ありとも思わず、あるいはまた、色に我ありとも思わない。また、わたしは、受を我と思わない。あるいは、われは受を有すとも思わず、あるいは、われに受ありとも思わず、あるいはまた、受に我ありとも思わない。また、わたしは、想を我と思わない。あるいは、われは想を有すとも思わず、あるいは、われに想ありとも思わず、あるいはまた、想に我ありとも思わない。また、わたしは、行を我と思わない。あるいは、われは行を有すとも思わず、あるいは、われに行ありとも思わず、あるいはまた、行に我ありとも思わない。また、わたしは、識を我と思わない。あるいは、われは識を有すとも思わず、あるいは、われに識ありとも思わず、あるいはまた、識に我ありとも思わない。だからして、わたしは、そのように問われても、あるいは、〈世間は常恒である〉とか、〈世間は無常である〉とか、〈世間は有限である〉とか、〈世間は無限である〉とか、〈霊と身とは同一である〉とか、〈霊と身とは別々である〉とか、〈人は死後もなお存する〉とか、〈人は死後はもはや存しない〉とか、〈人は死してのち、なお存し、また、もはや存しない〉とか、〈人は死してのち、存在せず、また、存在せざるにもあらず〉などと答えないのである。」

この経において釈尊は、外道の遊行者たちの考えと釈尊自身の考えを対比している。すなわち、外道の遊行者たちは、「色を我と見る。あるいは、われは色を有すと思い、あるいは、われに色ありと思い、あるいはまた、色に我ありと思う」（受、想、行、識についても同様）。「だからして」、彼らは、「〈世間は常恒である〉とか、〈世間は無常である〉とか、〈世間は有限である〉とか、〈世間は無限である〉とか、〈霊と身とは同一である〉とか、〈霊と身とは別々である〉とか、〈人は死後もなお存する〉とか、〈人は死後はもはや存しない〉とか、〈人は死してのち、なお存し、また、もはや存しない〉とか、〈人は死してのち、存在せず、また、存在せざるにもあらず〉などと答えるのである」。漢訳は、これらの外道の答えの理由を、「於色無知故」、「於受想行識無知故」としている（『雑阿含経』第963経）。

他方、釈尊は、「色を我と見ない。あるいは、われは色を有すとも思わず、あるいは、われに色ありとも思わず、あるいはまた、色に我ありとも思わない」（受、想、行、識についても同様）。「だからして」、釈尊は、「〈世間は常恒である〉とか、〈世間は無常である〉とか、〈世間は有限である〉とか、〈世間は無限である〉とか、〈霊と身とは同一である〉とか、〈霊と身とは別々である〉とか、〈人は死後もなお存する〉とか、〈人は死後はもはや存しない〉とか、〈人は死してのち、なお存し、また、もはや存しない〉とか、〈人は死してのち、存在せず、また、存在せざるにもあらず〉などと答えないのである」。

すでに論じてきたように、釈尊思想においては、色、受、想、行、識の五蘊をどうみるかは、解脱へ至る道と直結していた。つまり、五蘊を我と見る、あるいは、われは五蘊を有すと思い、あるいは、われに五蘊ありと思い、あるいはまた、五蘊に我ありと思うのは、解脱へ至る道ではなく、五蘊を我と見ない、あるいは、われは五蘊を有すとも思わず、あるいは、われに五蘊ありとも思わず、あるいはまた、五蘊に我ありとも思わないのは、解脱へ至る道である。換言すれば、〈世間は常恒である〉とか、〈世間は無常である〉とか、〈世間は有限である〉とか、〈世間は無限である〉とか、〈霊と身とは同一である〉とか、〈霊と身とは別々である〉とか、〈人は死後もなお存する〉とか、〈人は死後はもはや存しない〉とか、〈人は死してのち、なお存し、また、もはや存しない〉とか、〈人は死してのち、存在せず、また、存在せざるにもあらず〉などと答えるのは、五蘊を我と見る、あるいは、われは五蘊を有すと思い、あるいは、われに五蘊ありと思い、あるいはまた、五蘊に我ありと思うことを前提にしており、そうであるがゆえに、〈世間は常恒である〉とか、〈世間は無常である〉とか、〈世間は有限である〉とか、〈世間は無限である〉とか、〈霊と身とは同一である〉とか、〈霊と身とは別々である〉とか、〈人は死後もなお存する〉とか、〈人は死後はもはや存しない〉とか、〈人は死してのち、なお存し、また、もはや存しない〉とか、〈人は死してのち、存在せず、また、存在せざるにもあらず〉などと考えるのは、解脱にとって障碍となると釈尊はみなしているのである。

釈尊においては、〈世間は常恒である〉とか、〈世間は無常である〉とか、〈世間は有限である〉とか、〈世間は無限である〉とか、〈霊と身とは同一である〉とか、〈霊と身とは別々である〉とか、〈人は死後もなお存する〉とか、〈人は死後はもはや存しない〉とか、〈人は死してのち、なお存し、また、もはや存しない〉とか、〈人は死してのち、存在せず、また、存在せざるにもあらず〉などと答えるか、答えないかは、解脱の問題と不可分であったわけである。

この「無記説相応」、〔無記についての集成〕に収められている「ケーマー長老尼」経、「アヌラーダ」経、「サーリプッタとコッティカ」経もほぼ同旨である。

「無記」の理由を説明するもう一つの種類は、縁起の理法の観点から説明するものである〔『中部経典』「箭の喩えの経」、〔毒矢のたとえ〕、漢訳『中阿含経』「箭喩経」〕。この経は、上記の経と異なって、「厭離・離貪・滅尽・寂静・智通・正覚・涅槃」に「役立たない」から「無記」であると明確に説いている。

空閑処に独り坐して修行していたマールンクヤプッタという人物は、心中にこういう考えが生じた。「どうも、世尊は、これらの問題については、はっきりと説いてくださらない。捨ておかれて、答えを拒みたまう。すなわち、〈この世界は常住であるか、無常であるか。この世界は辺際《かぎり》があるか、辺際がないか。あるいは、霊魂と身体とはおなじであるか、各別であるか。また、人は死後にもなお存するのであるか、存しないのであるか。あるいはまた、人は死後には存し、かつ存しないのであるか、それとも、人は死後には存するのでもなく、存しないのでもないのであろうか〉と。世尊は、それらのことをわたしのために説いてくださらない。わたしは、世尊が、それらのことを、わたしのために説いてくださらないのが残念である。不服なのである。いま、わたしは、世尊のところに行って、もう一度それらのことを問おうと思う」。もし世尊が、わたしのために、これらの問いに答えてくださらなかったならば、「わたしは、修学を拒否して、世俗に還ろう。」

そこで、マールンクヤプッタは世尊のところに到り、世尊に問うた。

「もし世尊が、〈世界は常住である〉と知りたもうならば、わたしのために〈世界は常住である〉とお説きください。もし世尊が、〈世界は無常である〉と知りたもうならば、わたしのために〈世界は無常である〉とお説きください。もしまた世尊が、〈世界は常住である〉とも、〈世界は無常である〉とも知りたまわずば、つまるところ、〈わたしは知らない、わたしは判らない〉というのが、正直というものでありましょう。」

以下、〈世界は辺際がある〉、〈世界は辺際がない〉、〈霊魂と身体とはおなじである〉、〈霊魂と身体とは各別である〉、〈人は死後にもなお存するのである〉、〈人は死後には存しない〉、〈人は死後には存し、かつ存しないのである〉、〈人は死後には存するのでもなく、存しないのでもないのである〉について、同じ趣旨。

世尊は答えた。

「マールンクヤプッタよ、〈世界は常住なりとの見解の存する時、そのとき清浄の行がなる〉ということはない。マールンクヤプッタよ、〈世界は無常なりとの見解の存する時、そのとき清浄の行がなる〉ということもまたない。マールンクヤプッタよ、世界は常住なりとの見解の存する時にも、あるいは、世界は無常なりとの見解の存する時にも、やっぱり、生はあり、老はあり、死はあり、愁・悲・苦・憂・

悩はある。そして、わたしは、いまこの現生においてそれを克服することを教える。」

　以下、〈世界は辺際があるとの見解が存する時〉、〈世界は辺際がないとの見解が存する時〉、〈霊魂と身体とはおなじであるとの見解が存する時〉、〈霊魂と身体とは各別であるとの見解が存する時〉、〈人は死後にもなお存するとの見解が存する時〉、〈人は死後には存しないとの見解が存する時〉、〈人は死後には存し、かつ存しないとの見解が存する時〉、〈人は死後には存するのでもなく、存しないのでもないとの見解が存する時〉について、同じ趣旨。

「マールンクヤプッタよ、わたしによって説かれなかったことは、説かれないままに受持するがよろしい。また、わたしによって説かれたことは、説かれたままに受持するがよろしい。では、マールンクヤプッタよ、わたしによって説かれなかったことは何であろうか。いわく、〈世界は常住なり〉とは、わたしによって説かれなかった。〈世界は無常なり〉とは、わたしによって説かれなかった。〈世界は辺際がある〉とは、わたしによって説かれなかった。〈世界は辺際がない〉とは、わたしによって説かれなかった。〈霊魂と身体とはおなじである〉とは、わたしによって説かれなかった。〈霊魂と身体とは各別である〉とは、わたしによって説かれなかった。〈人は死後にもなお存する〉とは、わたしによって説かれなかった。〈人は死後にはもはや存しない〉とは、わたしによって説かれなかった。〈人は死後には存し、かつ存しない〉とは、わたしによって説かれなかった。〈人は死後には存するのでもなく、存しないのでもない〉とは、わたしによって説かれなかった。では、マールンクヤプッタよ、それらのことは、何故にわたしによって説かれなかったのであろうか。マールンクヤプッタよ、それは、他でもない、なんの利益《りやく》もなく、清浄の行のはじめにもならず、厭離・離貪・滅尽・寂静・

智通・正覚・涅槃にも役立たないからである。その故にわたしはそれらのことを説かなかったのである。

マールンクヤプッタよ、では、わたしのよって説かれたこととは何であろうか。いわく、〈こは苦である〉とわたしによって説かれた。〈こは苦の生起である〉とわたしによって説かれた。〈こは苦の滅尽である〉とわたしによって説かれた。また、〈こは苦の滅尽にいたる道である〉とわたしによって説かれた。では、マールンクヤプッタよ、それは、他でもない、利益があるからであり、清浄の行のはじめとなるからであり、厭離・離貪・滅尽・寂静・智通・正覚・涅槃に役立つからである。マールンクヤプッタよ、だからして、わたしによって説かれなかったことは、説かれないままに受持するがよろしい。また、わたしによって説かれたことは、説かれたままに受持するがよろしい。」

この経において、釈尊（世尊）は、彼が説いてこなかったことと説いてきたことを区分している。説いてこなかったことは、「世界は常住なり」、「世界は無常なり」などである。その理由は、「他でもない、なんの利益《りやく》もなく、清浄の行のはじめにもならず、厭離・離貪・滅尽・寂静・智通・正覚・涅槃にも役立たないからである」。つまりは、解脱に役立たないからである。

説いてきたことは、苦、苦の生起、苦の滅尽、苦の滅尽にいたる道である。縁起の理法である。その理由は、「他でもない、利益があるからであり、清浄の行のはじめとなるからであり、厭離・離貪・滅尽・寂静・智通・正覚・涅槃に役立つからである」。つまりは、現生における解脱に役立つからである。釈尊は、既述のように、「世界は常住なりとの見解の存する時にも、あるいは、世界は無常なりとの見解の存する時にも、やっぱり、生はあり、老はあり、死はあり、愁・悲・苦・憂・悩はある。そして、わたしは、いまこの現生においてそれを克服することを教える」と説いていた。

釈尊が「無記」とするかしないかのメルクマールは明確である。解脱に役立たないか役立つかである。

この経において、釈尊は興味深い譬えを示している。毒箭《どくや》の譬えである。

ある人が厚く毒を塗られた箭をもって射られたとする。彼の友人・仲間・親族・縁者は、彼のために箭医を迎えにやるだろう。だが、「彼は、〈わたしを射た者は、クシャトリヤなのか、ブラーフマナなのか、ヴァイシャなのか、あるいはシュードラなのか、それが判らないうちは、この箭を抜いてはならない〉といったとするがよい。また、彼は、〈わたしを射た者は、いかなる名、いかなる姓であるか、それが判らないうちは、この箭を抜いてはならない〉といったとする。」

（以下、〈わたしを射た者は、……それが判らないうちは、この箭を抜いてはならない〉のなかの〈……〉の箇所がさらに八つの別の表現になっている。）

「それでは、マールンクヤプッタよ、その人は、それらのことが知られないうちに、そのまま命終しなければならないであろう。そして、マールンクヤプッタよ、それとおなじように、もし人あって〈世尊がわたしのために《世界は常住である》とか、《世界は無常である》とか、……あるいは、《人は死後には存するのでもなく、存しないのでもない》とか説いてくださらないうちは、わたしは、世尊の御許において清浄の行を修しないであろう〉といったとするがよい。さすれば、マールンクヤプッタよ、それらのことが、わたしによって説かれなかったならば、その人はそのまま命終しなければならないであろう。」

毒箭を射られた者が助かる道は、毒箭を抜き手当をすることである。にもかかわらず、射られた者は、射た者が誰かなどを知ろうとし、それを知る前は、毒箭を抜かせなかった。命が助かる必須のことをせず、命が助かることに役立たないことを優先させる者の愚かさを釈尊は譬えでもって説いているのである。

釈尊が究極的に目指しているのは、現世で解脱して迷いの生存から脱することである。「世界は常住である」、「世界は無常である」、「世界は辺際がある」、「世界は辺際がない」、「霊魂と身体とはおなじである」、「霊魂と身体とは各別である」、「人は死後にもなお存するのである」、「人は死後には存しない」、「人は死後には存し、かつ存しないのである」、「人は死後には存するのでもなく、存しないのでもないのである」などの問題は、釈尊は解脱に役立たないものとみなしており、答えることはあり得ない。これらの問題の答えを釈尊に説いてもらえなければ、「修学を拒否して、世俗に還ろう」というマールンクヤプッタは、釈尊からすれば、解脱しないで、「そのまま命終しなければならないであろう」ということになる。

なお、釈尊の「無記」について、釈尊は形而上学的な問題に対しては答えなかったと哲学的な表現で説明しているのがあるが、妥当ではない。釈尊は、実践的に解脱に役立たない問いには答えなかったのである。「形而上学的」であるか否かとは関係がない。

第二部　釈尊思想における輪廻の観念と解脱

第一章　五蘊と縁起の理法と輪廻の観念からの解脱

第1節　五蘊と縁起の理法を知ることによって輪廻の観念から解脱する

釈尊の解脱についての教説は、究極的には、欲望からの解脱と輪廻の観念からの解脱に収斂される。欲望からの解脱については第一部で論じているので、ここでは、輪廻の観念からの解脱を考察する（釈尊が「輪廻から解脱する」と説く場合、「輪廻の観念から解脱する」ということを含意していたことについては、後に詳述する）。

釈尊は、輪廻（saṃsāra、英訳：transmigration）の観念にとらわれることを「苦」（dukkha）と認識していた。これは、欲望にとらわれることを苦と認識しているのと同じである。よって、解脱の主体、解脱の境地、解脱の方法に関しては、輪廻の観念からの解脱は、欲望からの解脱と同じである。

釈尊は、当時のインド社会に浸潤していた輪廻の観念について、欲望からの解脱と並んで、それから解脱すべき最重要な問題と考えていた。先ず、五蘊と縁起の理法は輪廻の観念からの解脱といかなる関係にあるのかを検討する。

五蘊と縁起の理法を知ることによって輪廻の観念から解脱することを生き生きと説いている経典が

ある。やや長いが、重要な内容であるので、以下に記す（『相応部経典』「因縁相応・スシーマ（須尸摩）」、〈因縁についての集成・スシーマ〉、漢訳『雑阿含経』「須深」）。

長老アーナンダは、遊行者スシーマを伴って、世尊の許《もと》にいたり、世尊を礼拝して、その傍らに座した。

その時、ちょうど、あまたの比丘たちが世尊の許にきたって、「われらは、〈わが迷妄の生涯は尽きた。清浄の行はすでに成った。作すべきことはすでに弁じた。このうえは、もはや迷いの生涯を繰返すことはない〉と知ることができました」と、最高智に達したことを申しあげた。

「その時、スシーマは、それを聞いて、彼ら比丘たちに近づき、彼らと挨拶を交し、また礼譲にみちたことばを交して、そのかたえに座した。

かたえに座したスシーマは、彼ら比丘たちに言った。

「尊者たちは、いま世尊の許にいたって、〈わが迷妄の生涯は尽きた。清浄の行はすでに成った。作すべきことはすでに弁じた。このうえは、もはや迷いの生涯を繰返すことはない〉と、最高智に達したことを申しあげたが、あれは真実であろうか」

「友よ、そのとおりである」

「しからば、またあなたがた尊者たちは、そのように知り、そのように見て、いろいろの神通力を得られたであろうか。――たとえば、一にして多となり、多にして一となったり、あるいは、見えたり隠れたりして、壁や土塁や丘を、まるで虚空のように自由に通り抜けたり、あるいは、地中に出入すること、あたかも水中に出入するがごとく、あるいは、水を割くことなくして水上をゆくこと、あたかも地上をゆくがごとく、あるいは、虚空に趺座してゆくこと、あたかも翼ある鳥のごとく、あるいはまた、かの大なる神力ある日月をも手玉にとり、またあるいは、その身をもってかの梵天界にも赴くことができるであろうか」

「友よ、そういうことはない」

「しからば、あなたがた尊者たちは、そのように知り、そのように見て、人間の聴覚を超えた清浄なる天界の聴覚を得、人間と天神の、遠きまた近き、両界の音声を聞くことができるのであろうか」

「友よ、そういうこともない」

「では、あなたがた尊者たちは、そのように知り、そのように見て、その心をもって、他者の心を知り、他人の心を知ることができるであろうか。——たとえば、貪欲ある心を貪欲ある心と知り、貪欲を離れたる心を貪欲を離れたる心と知り、瞋恚ある心を瞋恚ある心と知り、瞋恚を離れたる心を瞋恚を離れたる心と知り、愚痴ある心を愚痴ある心と知り、愚痴を離れたる心を愚痴を離れたる心と知るであろうか。あるいは、よく集中せられたる心をそれと知り、散乱したる心をそれと知り、高貴なる心をそれと知り、下劣なる心をそれと知り、（さらに進むべき）上ある心をそれと知り、上なき心をそれと知るであろうか。あるいは、また、寂静にいたれる心をそれと知り、寂静にいたらざる心をそれと知り、解脱したる心をそれと知り、いまだ解脱にいたらざる心をそれと知ることができるであろうか」

「友よ、そのようなこともない」

「しからば、また、あなたがた尊者たちは、そのように知り、そのように見て、いろいろと前世のことを思い出すことができるであろうか。——たとえば、一生、二生、三生、四生、五生、十生、二十生、三十生、四十生、五十生、百生、千生のいにしえ、あるいは、幾成劫《じょうごう》（注：成立の過程をたどる宇宙の周期をいう）のむかし、幾壊劫《えごう》（注：崩壊の過程をたどる宇宙の周期をいう）のむかし、さては、幾成劫・幾壊劫をかさねてのむかしのこと、——その時、かしこにありては、名はかくかく、姓はかくかくであり、このような容色をもち、このようなものを食べ、これこれの苦と楽を経験し、このような寿命を享《う》けたというようなこと。さらには、そこに没して、またかしこに生まれ、そして、そこにあっては、名はかくかく、姓はかくかくであり、どのような容色をもち、どのようなものを食べ、どのような苦と楽を経験し、どのような寿命を保ったかというようなこと。そして、今度は、そこに没して、またここに生れたといったように、そのように詳しく、いろいろと過去世のことを、ことごとく思い出すことができるであろうか」

「友よ、そのようなこともないのである」

「では、さらにまた、あなたがた尊者たちは、そのように知り、そのように見て、人間を超えた清浄なる天眼《てんげん》を得、それによって、人々が死してまた生れる時、あるいは下劣に、あるいは優秀に、あるいは美わしく、あるいは醜くと、彼らのなせる業にしたがって、その幸と不幸とがわかれることを知ることができるであろうか。——たとえば、尊者たちは、〈この人たちは、身に悪行をなし、口に悪語をかたり、心に悪意をいだき、聖者をののしり、邪見をいだき、邪業をいとなむがゆえに、その身壊れ、その命終りてののちには、苦界・悪道・無楽処・地獄に生まれるであろう〉とか、あるいは、また、〈この方たちは、身に善行をなし、口に善語をかたり、心に善意をいだき、聖者をののしることなく、正見をいだき、正業をいとなむがゆえに、その身壊れ、その命終りてののちには、善処・天界に生れるであろう〉とか、そのように、人間を超えたる清浄なる天眼をもって、人々が死してまた生れる時には、あるいは下劣に、あるいは優秀に、あるいは美わしく、あるいは醜くと、彼らのなせる業にしたがって、その幸と不幸とがわかれることを知ることができるであろうか」

「友よ、そのようなことも、またないのである」

「では、またさらに、あなたがた尊者たちは、そのように知り、そのように見て、形象（色）の世界を超え、眼に見えぬ寂静解脱を、その身に触れて住するのであろうか」

「友よ、また、そのようなこともないのである。」

「とすると、あなたがた尊者たちには、いま言われることと、そこに到達することとは、別のことなのであろうか」

「友よ、そうではないのである」

「それは、また何故であるか」

「友スシーマよ、わたしどもは智慧によって解脱したのである」

「わたしは、いま尊者たちによって簡潔に説かれたことを、まだ充分に詳しく知ることはできない。もし尊者たちによって説かれたようであるならば、わたしもそのことをもっと詳しく知りたいものと思う」

「友スシーマよ、そなたがそれを知ろうと知るまいと、ともかく、わたしどもは智慧によって解脱したのである」

そこで、スシーマは、その座より起って、世尊のもとに到った。到ると、世尊を礼拝し、その傍らに座した。

傍らに座したスシーマは、彼ら比丘たちとの論議のすべてを世尊に申しあげると、世尊は説いた。

「スシーマよ、法についての智がまずあって、それから涅槃についての智がなるのである」

「大徳よ、わたしは、いま世尊が簡潔に説かれたことがよく判りません。大徳よ、もし世尊が、いまさらりと説かれたことを、よく判るように、もっと詳しくお説き下さるならば、有難いことでございます」

「スシーマよ、そなたが判ろうと判るまいと、ともかく、法についての智がまずあって、それから涅槃についての智がなるのである。スシーマよ、そなたはどう思うか。色（肉体）は常であろうか、それとも無常であろうか」

「大徳よ、無常であります」

「では、無常なるものは、苦であろうか、それとも楽であろうか」

「大徳よ、苦であります」

「では、無常にして苦である、移ろい変るものを、〈こはわが物なり、こは我なり、こはわが本質なり〉と認めることができるであろうか」

「大徳よ、それはできません」

「では受（感覚）は常であろうか、無常であろうか」

「大徳よ、無常であります」

「では、想（表象）は常であろうか、無常であろうか」

「大徳よ、無常であります」

「では、行（意志）は常であろうか、無常であろうか」

「大徳よ、無常であります」

「では、識（意識）は常であろうか、無常であろうか」

「大徳よ、無常であります」

「ではまた、無常なるものは、苦であろうか、それとも楽であろうか」

「大徳よ、苦であります」

「では、無常にして苦である、移ろい変るものを、〈こはわが物なり、こは我なり、こはわが本質なり〉と認めることができるであろうか」

「大徳よ、それはできません」

「ならば、スシーマよ、過去・未来・現在、あるいは、内・外、粗・細、劣・勝、遠・近のいかなる色（肉体）といえども、すべての色は、〈こはわが物なり、こは我なり、こはわが本質なり〉と認めることはできない。そのように、正しき智慧をもって、これを見なければならない。

また、いかなる受（感覚）といえども、すべての受は、〈こはわが物なり、こは我なり、こはわが本質なり〉と認めることはできない。そのように、正しき智慧をもって、これを見なければならない。

また、いかなる想（表象）といえども、すべての想は、〈こはわが物なり、こは我なり、こはわが本質なり〉と認めることはできない。そのように、正しき智慧をもって、これを見なければならない。また、いかなる行（意志）といえども、すべての行は、〈こはわが物なり、こは我なり、こはわが本質なり〉と認めることはできない。そのように、正しき智慧をもって、これを見なければならない。また、いかなる識（意識）といえども、それを〈こはわが物なり、こは我なり、こはわが本質なり〉と認めることはできない。そのように、正しき智慧をもって、これを見なければならない。

スシーマよ、だから、わたしの教えをよく聞いた聖なる弟子たちは、そのように見て、色を厭い離れる。受においても、想においても、行においても、また識においても厭い離れる。厭い離れて、貪りを離れ、解脱する。解脱すれば、解脱したとの智が生じ、〈わが迷いの生涯は尽きた。清浄の行はすでに成った。作すべきことはすでに弁じた。もはやかかる迷いの生涯を繰返すことはないであろう〉と知るのである。

では、スシーマよ、そなたは、〈生によって老死がある〉と見るであろうか」

「大徳よ、そうであります」

「では、スシーマよ、そなたは、〈有によって生がある〉と見るであろうか」

「大徳よ、そうであります」

「では、また、スシーマよ、そなたは、〈取によって有がある〉と見るであろうか」

「大徳よ、そうであります」

「では、また、スシーマよ、そなたは、〈愛によって取がある〉と見るであろうか」

「大徳よ、そうであります」

「では、さらに、スシーマよ、そなたは、〈受によって愛があり、触によって受があり、六処によって触があり、名色によって六処があり、識によって名色があり、行によって識があり、また無明によって行がある〉と見るであろうか」

「大徳よ、そうであります」

「では、スシーマよ、そなたは、また、〈生の滅によって老死の滅がある〉と見るであろうか」

「大徳よ、そのとおりであります」

「では、スシーマよ、そなたは、また、〈有の滅によって生の滅がある〉と見るであろうか」

「大徳よ、そのとおりであります」

「では、スシーマよ、そなたは、さらに、〈取の滅によって有の滅があり、愛の滅によって取の滅があり、受の滅によって愛の滅があり、触の滅によって受の滅があり、六処の滅によって触の滅があり、名色の滅によって六処の滅があり、識の滅によって名色の滅があり、行の滅によって識の滅があり、また無明の滅によって行の滅がある〉と見るであろうか」

「大徳よ、そのとおりであります」

「では、スシーマよ、そなたもまた、そのように知り、そのように見て、いろいろの神通力を享受するであろうか。――たとえば、一にして多となり、多にして一となったり、あるいは、見えたり隠れたりして、壁や土塁や丘を、まるで虚空のように自由に通り抜けたり、あるいは、地中に出入すること、あたかも水中に出入するがごとく、あるいは、水を割くことなくして水上をゆくこと、あたかも地上をゆくがごとく、あるいは、虚空に趺座してゆくこと、あたかも翼ある鳥のごとく、あるいはまた、かの大なる神力ある日月をも手玉にとり、またあるいは、その身をもってかの梵天界にも赴くことができるであろうか」

「大徳よ、そのようなことはございません」

「では、スシーマよ、そなたもまた、そのように知り、そのように見て、人間の聴覚をはるか超えた天界の聴覚を得て、人間と天神の、遠きまた近き、両界の音声を聞くことができるであろうか」

「大徳よ、そのようなことはございません」

「では、スシーマよ、そなたもまた、そのように知り、そのように見て、その心をもって、他者の心を知り、他の人々の心を把握することができるであろうか。――たとえば、すでに解脱したる心をそれと知り、いまだ解脱にいたらざる心をそれと知ることをうるであろうか」

「いいえ、大徳よ、そのようなことはございません」

「では、スシーマよ、そなたもまた、そのように知り、そのように見て、いろいろと前世のことを思い出すことができるであろうか。――たとえば、一生、二生、三生、四生、五生、十生、二十生、三十生、四十生、五十生、百生、千生のいにしえ、あるいは、幾成劫《じょうごう》のむかし、幾壊劫《えごう》のむかし、さては、幾成劫・幾壊劫をかさねてのむかしのこと、――その時、かしこにありては、名はかくかく、姓はかくかくであり、このような容色をもち、このようなものを食べ、これこれの苦と楽を経験し、このような寿命を享《う》けたというようなこと。さらには、そこに没して、またかしこに生れ、そして、そこにあっては、名はかくかく、姓はかくかくであり、どのような容色をもち、どのようなものを食べ、どのような苦と楽を経験し、どのような寿命を保ったかというようなこと。そして、今度は、そこに没して、またここに生れたといったように、そのように詳しく、いろいろと過去世のことを思い出すことができるであろうか」

「いいえ、大徳よ、そのようなこともございません」

「では、スシーマよ、そなたもまた、そのように知り、そのように見て、人間を超えたる清浄なる天眼を得て、それによって、人々が死してまた生れる時、あるいは下劣に、あるいは優秀に、あるいは美わしく、あるいは醜くと、彼らのなせる業にしたがって、その幸と不幸とがわかれることを知ることができるであろうか。——たとえば、尊者たちは、〈この人たちは、身に悪行をなし、口に悪語をかたり、心に悪意をいだき、聖者をののしり、邪見をいだき、邪業をいとなむがゆえに、その身壊れ、その命終りてののちには、苦界・悪道・無楽処・地獄に生まれるであろう〉とか、あるいは、また、〈この方たちは、身に善行をなし、口に善語をかたり、心に善意をいだき、聖者をののしることなく、正見をいだき、正業をいとなむがゆえに、その身壊れ、その命終りてののちには、善処・天界に生れるであろう〉とか、そのように、人間を超えたる清浄なる天眼をもって、人々が死してまた生れる時には、あるいは下劣に、あるいは優秀に、あるいは美わしく、あるいは醜くと、彼らのなせる業にしたがって、その幸と不幸とがわかれるであろうことを知ることができるであろうか」

「いいえ、大徳よ、そのようなこともございません」

「では、スシーマよ、そなたは、またさらに、そのように知り、そのように見て、形象（色）の世界を超え、眼に見えぬ寂静解脱を、その身に触れて住するのであろうか」

「いいえ、大徳よ、そのようなことも、またございません」

「スシーマよ、いまや、わたしはいう。いまわれらが問答したことと、それから、そなたがそこには到らないといったこと。スシーマよ、これがわれらの成就したことなのである」

その時、スシーマは、世尊の足許に平伏して、世尊に申しあげた。

「大徳よ、罪がわたしを征服しました。なんという卑しい、なんという愚かな、なんという善からぬことでありましょう。わたしは、この善く説かれたる法と律とにおいて、法の盗人として出家いたしました。大徳よ、願わくは、わたしがこの罪を罪と知って、将来ふたたび犯すことがないであろうとの表白を受けていただきとうございます」

「スシーマよ、そなたが罪に征服せられて、この善く説かれたる法と律とにおいて、法の盗人として出家したということは、まことに卑しい、まことに愚かな、まことに善からぬことであった。

……

だが、スシーマよ、そなたは、罪を罪と知って、ただしく懺悔したのである。わたしはそれを受ける。スシーマよ、聖なる戒律においては、罪を罪と知って、ただしく懺悔する者は、その功徳増長して、やがて律儀にかなうであろうとするのである」


これらの問答を通して、この経は、五蘊と縁起の理法を知ることによって、つまり正しき智慧によって輪廻の観念から解脱すること（「わが迷いの生涯は尽きた。清浄の行はすでに成った。作すべきことはすでに弁じた。もはやかかる迷いの生涯を繰返すことはない」）を説いている。かつ、この解脱は、善因善果（善因楽果）・悪因悪果（悪因苦果）、神通力＝「六神通（ろくじんずう、ろくじんつう）」の諸観念からの脱却をも意味していた。

輪廻の観念は、縁起の理法と正面から衝突していることを明示している経典がある（『中部経典』〔嗏帝経〕、漢訳『中阿含経』「嗏帝経」）。

サーティという比丘が、「わたしは世尊によって説かれた法をこのように理解します。すなわち、この識（意識）だけは流転し、輪廻するが別のものにならず不変である（ev' idaṁ viññāṇaṁ sandhāvati saṁsarati anaññān、漢訳「今此識往生不更異」）」と周囲に語っていた。他の比丘たちは、このことを聞いて、サーティのところへ来て、こう言った。「友、サーティよ、そのようにいってはいけません。世尊を誹謗してはいけません。世尊を誹謗するのはよくないからです。なぜなら、世尊がそのように語られるはずがないからです。友、サーティよ、なぜなら、世尊は、種々なる法門によって、縁によって生ずる識を説かれるからです。すなわち、『縁がなければ識の生起はない』と」。

しかし、サーティは自分の見解に固執した。比丘たちは、このことを釈尊に報告した。釈尊は、サーティを呼びよせて尋ねた。

サーティよ、君は、「わたしは世尊によって説かれた法をこのように理解します。すなわち、この識だけは流転し、輪廻するが別のものにならず不変である」と語っていると聞いたが、本当か。

「尊い方よ、たしかにそのとおりでございます」

「サーティよ、その識とはどんなものか」

「尊い方よ、それは、語るものであり、感受するものであり、ここかしこで、善悪の行為の果報をうけるものです」

「愚かものよ、そんなことを、わたしがいったいだれに説いたというのか。愚かものよ、わたしは種々なる法門によって、縁によって生ずる識を説いたのではなかったのか。すなわち、『縁がなければ識の生起はない』と。（漢訳「汝従何口聞我如是説法。汝愚癡人。我不一向。汝一向説耶。汝愚癡人。……我亦如是説識因縁故起。我説識因縁故起。識有縁則生無縁則滅。識随所縁生」。）

ところが、愚かものよ、君は自分の誤った把握によって、われわれを誹謗するのみならず、自分自身も傷つけ、多くの損失を生じている。愚かものよ、それは君にとって永く不利益と苦しみになるだろう」

釈尊はこのあと、サーティを含む比丘たちに、縁起の理法を順観と逆観でもって説いた。そうして、釈尊は比丘たちと問答をした。

「比丘たちよ、あなたがたもこのようにいい、わたしもこのようにいう。

これがなければ、あれがない。これが滅尽すれば、あれが滅尽する。

すなわち、無明の滅尽によってもろもろの行が滅尽し、もろもろの行の滅尽によって識が滅尽し、識の滅尽によって名色が滅尽し、名色の滅尽によって六処が滅尽し、六処の滅尽によって触が滅尽し、触の滅尽によって受が滅尽し、受の滅尽によって愛が滅尽し、愛の滅尽によって取が滅尽し、取の滅尽によって有が滅尽し、有の滅尽によって生が滅尽し、生の滅尽によって老と死、愁、悲、苦、憂、悩が滅尽する。このようにして、このすべての苦の集まりの滅尽がある。

比丘たちよ、このように知り、このようにみるとき、あなたがたは、過去にむかって逆行することがあろうか。すなわち、『わたしたちは過去に存在したのであろうか。過去に存在しなかったのであろうか、わたしたちは過去になんであったのだろうか、過去にどのようであったのだろうか、過去になんであって、そののちになにになったのであろうか』と」

「それはありません。尊い方よ」

「比丘たちよ、このように知り、このようにみるとき、あなたがたは、未来にむかって走ることがあろうか。すなわち、『わたしたちは未来において存在するのであろうか、未来に存在しないのであろうか、わたしたちは未来においてなんであるのだろうか、未来においてどのようであるのだろうか、未来においてなになになって、そののちになにになるのだろうか』と」

「それはありません。尊い方よ」

「比丘たちよ、このように知り、このようにみるとき、あなたがたは、今あるいは現在、内心に疑いの念をいだくであろうか。すなわち、『存在しているのであろうか、存在していないのであろうか、わたしはなんであるのか、どのようであるのか、この生けるものはいったいどこからきて、どこへ行くのであろうか』と」

「それはありません。尊い方よ」

この経典における、サーティの「わたしは世尊によって説かれた法をこのように理解します。すなわち、この識だけは流転し、輪廻するが別のものにならず不変である」という見解は、釈尊の縁起の理法に対するサーティの理解能力の欠如を表わしているが、しかし、識は、「我」や「霊魂」の観念と無関係ではなく、「識だけは流転し、輪廻するが別のものにならず不変である」とするのは、古代インドでは奇異な認識ではなかった。むしろ、縁起の理法によって輪廻の観念を否定するほうが、古代インドにおいて極めて斬新な教説であった。いずれにしても、上の経典は、釈尊の思想からして、輪廻の観念は縁起の理法と全く相容れないものであることを明示していたのである。

また、輪廻との関係で、釈尊は「自殺」について、どう考えていたのであろうか。このこととの関係で看過すべきでない経典がある（『中部経典』〔教闡陀経〕、これと同旨の経典は、『相応部経典』〔六処についての集成・チャンナ〕）。

修行僧サーリプッタとその弟マハーチュンダは、同じ修行仲間のチャンナの病気見舞いに行った。チャンナは重態であった。チャンナは、ひどい頭痛と熱があり、激しい苦の感じが減ることなく、増すばかりで、耐え難かった。彼は、「友サーリプッタよ、わたしは刃物を手に取り自ら命を絶つ。もうこれ以上、生き続けたいとは思わない」、「友サーリプッタよ、『修行僧チャンナは、非難されるべきことはなく、刃物を手に取り自ら命を絶つことになる』と、このことを憶えておいてほしい」という言葉を吐いた。

サーリプッタとマハーチュンダが去ってまもなくして、チャンナは、刃物を手に取り、喉を切って自ら命を絶った。サーリプッタは、釈尊のところに行き、「尊いお方よ、チャンナ尊者は、刃物を手に取り自ら命を絶ちました。彼の行きつく先はどのようなところでしょうか。彼にはどのような未来の運命が待ちうけているのでしょうか」と問いかけた。釈尊は、こう答えた。「サーリプッタよ、そなたの面前で、修行僧チャンナは『非難されるべきことはない』と言明したのではないか。」「サーリプッタよ、だれかがこの身体を捨てて、生れ変わって他の身体をもとうと執著するならば、そういう人が『非難されるべきだ』とわたしはいうのである（漢訳「若有捨此身余身相続者。我説彼等則有大過。」：『雑阿含経』第1266経）。しかし、チャンナ修行僧はそうではなかった。だから、チャンナ修行僧は、非難されるべきことはなく、刃物を手に取り自殺したのである。」

上記のチャンナの「非難されるべきことはなく」という言葉の意味は、古注は、未来に生起しないことを指しているとするが（春秋社版の訳註）、そうだとすればこれは、釈尊の「サーリプッタよ、だれかがこの身体を捨てて、生れ変わって他の身体をもとうと執著するならば、そういう人が『非難されるべきだ』とわたしはいうのである。しかし、チャンナ修行僧はそうではなかった。だから、チャンナ修行僧は、非難されるべきことはなく、刃物を手に取り自殺したのである」という言葉につながってくる。

要するに、サーリプッタが釈尊に、自殺したチャンナの「行きつく先はどのようなところでしょうか。彼にはどのような未来の運命が待ちうけているのでしょうか」と問うたに対して、釈尊はチャンナの死後の行き先、未来の運命などを問題とせず（「無記」）、釈尊は、チャンナがその「身体を捨てて、生れ変わって他の身体をもとうと執著」して自殺したならば、それは非難されるべきであるが、チャンナはそうではなかったので、非難されるべきではないと説いているのである。自殺を肯定しているわけではないが、自殺を絶対的に否定しているわけでもない。輪廻の観念を断ち切って自殺することは「非難されるべきではない」としているのである。この経典からは、釈尊が輪廻の観念からの解脱をいかに重視していたかが理解される。

他に、修行僧ゴーディカの自殺について、釈尊はこう語っている（中村元『仏弟子の生涯』第2章、中村元選集［決定版］第13巻、春秋社、1991年）。

「かれは思慮深く、しっかりとしていて、つねに瞑想し、瞑想を楽しんでいた。昼夜、道にしたがって努め、生きることを求めなかった。死魔の軍勢にうちかち、再び迷いの生存にもどることなく、妄執を、根こそぎえぐり出して、ゴーディカは完全に消え失せた。」

第2節　「六神通」、占いなどの超自然的、超人的な能力を否定

六神通（神通＝iddhi）とは、神足通《じんそく》（縮地とも呼ばれる超スピードでの移動能力）、天耳通《てんに》（地獄耳、あらゆる音を聞く能力）、他心通《たしん》（他人の心を読みとる能力）、宿命通《しゅくみょう》（自分の前世を知る能力）、天眼通《てんげん》（他人・衆生の前世を知る能力）、漏尽通《ろじん》（自分が輪廻の輪から抜け出したことを知る能力）を指している。

先の経（『相応部経典』「因縁相応・スシーマ（須尸摩）」）のなかの、釈尊の次の言葉からは、「神通力」や「前世」なるものに対する、ある種の皮肉を読み取れる。「では、スシーマよ、そなたもまた、そのように知り、そのように見て、いろいろの神通力を享受するであろうか。――たとえば、一にして多となり、多にして一となったり、あるいは、見えたり隠れたりして、壁や土塁や丘を、まるで虚空

のように自由に通り抜けたり、あるいは、地中に出入すること、あたかも水中に出入するがごとく、あるいは、水を割くことなくして水上をゆくこと、あたかも地上をゆくがごとく、あるいは、虚空に趺坐してゆくこと、あたかも翼ある鳥のごとく、あるいはまた、かの大なる神力ある日月をも手玉にとり、またあるいは、その身をもってかの梵天界にも赴くことができるであろうか」、「では、スシーマよ、そなたもまた、そのように知り、そのように見て、いろいろと前世のことを思い出すことができるであろうか。――たとえば、一生、二生、三生、四生、五生、十生、二十生、三十生、四十生、五十生、百生、千生のいにしえ、あるいは、幾成劫《じょうごう》のむかし、幾壊劫《えごう》のむかし、さては、幾成劫・幾壊劫をかさねてのむかしのこと、――その時、かしこにありては、名はかくかく、姓はかくかくであり、このような容色をもち、このようなものを食べ、これこれの苦と楽を経験し、このような寿命を享《う》けたというようなこと。さらには、そこに没して、またかしこに生れ、そして、そこにあっては、名はかくかく、姓はかくかくであり、どのような容色をもち、どのようなものを食べ、どのような苦と楽を経験し、どのような寿命を保ったかというようなこと。そして、今度は、そこに没して、またここに生れたといったように、そのように詳しく、いろいろと過去世のこと思い出すことができるであろうか。」

釈尊の没後、仏典において、多くの「神通力」説話、「前生譚《ぜんしょうたん》」〔ジャータカ Jātaka、本生《ほんじょう》譚、本生話〕」説話が創作された。「神通力」説話と「前生譚」説話は、輪廻の観念と不可分である。

「神通力」説話や「前生譚」説話が、一つの経典のなかに、取ってつけたかのように、後世に付加されているのもある。たとえば、その一つとして、『長部経典』〔沙門果経〕をみてみる。

この経において、釈尊は、大王アジャータサッツに対して、「ある尊敬すべき沙門・婆羅門にして、信施の食によって生きているのに、しかも、たとえば、諂《へつら》い、饒舌をいとなみ、占いをなし、ぺてんをいとなみ、利得のうえにも利得をむさぼるものもあるが、そのような諂い、饒舌をいとなむことを慎む。これもまた、比丘の戒の一部をなすものであります」と説き、そして、戒の一つである「占い」の具体例を詳しく挙げている。これらは、その時代の占いの内容を知るうえでも興味深いので、やや長いが次に記す。この占いの釈尊の否定と完全に対立・衝突している、付加された言説は、そのあとに掲出する。

「ある尊敬すべき沙門・婆羅門にして、信施の食によって生きているのに、しかも、たとえば、手相の占い、前兆の占い、夢占い、前兆を予示すること、鼠の咬処の占い、火の護摩、杓子の護摩、殻の護摩、粉の護摩、米の護摩、酥の護摩、油の護摩、口の護摩、血の護摩、手足の護摩、宅地の護摩、国家の護摩、湿婆の占い、鬼神の占い、地の占い、蛇の占い、毒薬の占い、蝎の占い、鼠の占い、鳥の占い、烏の占い、命数の予言、防箭の呪、獣の声を解する法など、そのような無益徒労の占いによって、正しからぬ生き方をする者もあるが、そのような無益徒労の占いをもまた慎む。これもまた、比丘の戒の一部をなすものであります。

また、ある尊敬すべき沙門・婆羅門にして、信施の食によって生きているのに、しかも、たとえば、珠の相、杖の相、服の相、剣の相、矢の相、弓の相、武器の相、女の相、男の相、童子の相、童女の相、男僕の相、女婢の相、象の相、馬の相、水牛の相、牡牛の相、牛の相、山羊の相、羊の相、鶏の相、鶉の相、蜥蜴の相、耳環の相、亀の相、獣の相のような無益徒労の占いによって、正しからぬ生き方をする者もあるが、そのような無益徒労の占いをもまた慎む。これもまた、比丘の戒の一部をなすものであります。

また、ある尊敬すべき沙門・婆羅門にして、信施の食によって生きているのに、しかも、たとえば、〈王は進軍するであろう。王は進軍しないであろう〉とか、〈うちの王は到着するであろう。外国の王は退くであろう〉とか、〈外国の王が到着するであろう。うちの王は退くであろう〉とか、〈うちの王は勝つであろう。外国の王は負けるであろう〉とか、〈外国の王が勝つであろう。うちの王が負けるであろう〉とか、〈そのように、この者は勝つであろう。この者は負けるであろう〉というような無益徒労の占いによって、正しからぬ生き方をする者もあるが、そのような無益徒労の占いをもまた慎む。これもまた、比丘の戒の一部をなすものであります。

また、ある尊敬すべき沙門・婆羅門にして、信施の食によって生きているのに、しかも、たとえば、〈月蝕があるであろう〉とか、〈日蝕があるであろう〉とか、〈星蝕があるであろう〉とか、あるいは、〈日月は正道を進むであろう〉とか、〈日月は非道を進むであろう〉とか、〈もろもろの星は正しい道を進むであろう〉とか、〈もろもろの星は正しからぬ道を進むであろう〉とか、あるいは、〈流星が隕《おち》るであろう〉とか、〈天雷があるであろう〉とか、〈地震があるであろう〉とか、〈天鼓が鳴るであろう〉とか、〈日月星辰の出没明暗があるであろう〉とか、〈これこれの結果のある月蝕があるであろう〉とか、あるいは、〈これこれの結果をともなう日月星辰の出没明暗があるにちがいない〉などというような無益徒労の占いによって、正しからぬ生き方をする者もあるが、そのような無益徒労の占いをもまた慎む。これもまた、比丘の戒の一部をなすものであります。

また、ある尊敬すべき沙門・婆羅門にして、信施の食によって生きているのに、しかも、たとえば、〈たくさん雨が降るであろう〉とか、〈雨が降らないであろう〉とか、あるいは、〈豊かな収穫があるであろう〉とか、〈収穫がないであろう〉とか、あるいは、〈平和が来るであろう〉とか、〈恐ろしいことがあるであろう〉とか、あるいはまた、〈疫病が流行るであろう〉とか、〈健康にめぐまれるであろう〉などというような計算器や統計や数法や歌よみや世間哲学などといった無益徒労の占いによって、正しからぬ生き方をする者もあるが、そのような無益徒労の占いをもまた慎む。これもまた、比丘の戒の一部をなすものであります。

また、ある尊敬すべき沙門・婆羅門にして、信施の食によって生きているのに、しかも、たとえば、娶ること、嫁すること、和睦すること、分裂すること、貸金を取立てること、無言にすること、手を挙げさせること、聾にすること、鏡に問うこと、童女に問うこと、神懸り、太陽を拝すること、大梵天を供養すること、口から火を吐くこと、吉祥天にお願いすること、などといった無益徒労の占いによって、正しからぬ生き方をする者もあるが、そのような無益徒労の占いをもまた慎む。これもまた、比丘の戒の一部をなすものであります。」


超自然的、超人的な占いを否定するこれらの教説と完全に対立・衝突する、付加された言説は、この経において、「沙門の現生における果報」として、超自然的、超人的な神通力の証得が語られている次の部分である。

「心は清浄に帰し、煩悩すでになく、煩悩の枝末をも遠離して、心身柔軟、いつでも活動できる状態にあり、しかも、安らかに住して不動の状態にある時、いまや、比丘は、種々の神通に心を傾注する。そして、彼はいろいろの神通を証得する。すなわち、一身が多身となり、多身が一身となり、あるいは、身を現し、あるいは身を隠し、あるいは、壁を通過し、牆《かき》を通り、なんの障害もなくして山を行くこと、あたかも空中を行くがごとく、大地に出没すること、あたかも水中におけるがごとく、沈まずして水上を行くこと、あたかも地上を行くがごとく、空中を趺坐のままにして行くこと、あたかも翼を有する鳥のごとく、さらには、かの大いなる神通あり、大いなる威徳ある日月を、よく手をもって触れ、梵天界にまでもその身をもって到るのであります。」

「心は清浄に帰し、煩悩すでになく、煩悩の枝末をも遠離して、心身柔軟、いつでも活動できる状態にあり、しかも、安らかに住して不動の状態にある時、いまや、比丘は、心を天耳界に傾注する。そして、彼は、清浄にして人間を超えた天耳界にあって、人天の両界ならびに遠近の音声を聞くのであります。」

「心は清浄に帰し、煩悩すでになく、煩悩の枝末をも遠離して、心身柔軟、いつでも活動できる状態にあり、しかも、安らかに住して不動の状態にある時、いまや、比丘は、心を他心理解の智に傾注する。」

「心は清浄に帰し、煩悩すでになく、煩悩の枝末をも遠離して、心身柔軟、いつでも活動できる状態にあり、しかも、安らかに住して不動の状態にある時、いまや、比丘は、心を過去世の記憶についての智に傾注する。そして、彼は、過去世におけるさまざまの住処《すみか》、たとえば、一生、二生、三生、四生、五生、十生、二十生、三十生、四十生、五十生、百生、千生、十万生、あるいは、いくたびもの壊劫、いくたびもの成劫、さらには、いくたびもの成劫・壊劫をつぎつぎに思念して、〈あそこでは私はこのような名をもち、このような種族に生れ、このような階級に属し、このような飯食《ぼんじき》をとり、このような苦楽を享受し、そして、このような寿量を有した。だが、わたしは、そこから、死んで他の処に生れ、そこでは、わたしはこのような名をもち、このような種族に生れ、このような階級に属し、このような飯食をとり、このような苦楽を享受し、そして、このような寿量を有した。そして、また、わたしは、そこから、死んでここに生れた〉と、そのありようとその場所とを具して、さまざまの過去世における住処のことをつぎつぎに思念する。」

「心は清浄に帰し、煩悩すでになく、煩悩の枝末をも遠離して、心身柔軟、いつでも活動できる状態にあり、しかも、安らかに住して不動の状態にある時、いまや、比丘は、心を人間の死生の智に傾注する。そして、彼は、人界を超絶した天眼をもって衆生を観察し、衆生の死してまた生れるのを見、衆生のなしたる業に応じて、賤しきと貴きと、美しきと醜きと、幸福と不幸とを証《あか》し知るのである。すなわち、〈みなさんよ、これらの人々は、身・口・意の悪業があって、聖者をそしり、邪見をいだき、よこしまの業をなした。彼らは、その身壊れて死して後には、悪しき生を得、悪しきところにおもむき、地獄に生れた〉、〈みなさんよ、これらの人々は、身・口・意の善業があって、聖者をそしらず、正見をいだき、正しき業をなした。彼らは、その身壊れて死して後には、善きところにおもむき、天界に生れた〉と。そのように、彼は、人間界を超越した清浄なる天眼をもって、衆生を観察し、衆生が死してまた生れるのを見、衆生のなしたる業に応じて、賤しきと貴きと、美しきと醜きと、幸福と不幸とを知るのである。」

「心は清浄に帰し、煩悩すでになく、煩悩の枝末をも遠離して、心身柔軟、いつでも活動できる状態にあり、しかも、安らかに住して不動の状態にある時、いまや、比丘は、その心を漏尽智《ろうじんち》に傾注する。」

この『長部経典』〔沙門果経〕における超自然的、超人的な占いを否定する部分と超自然的、超人的な神通力の証得が語られている部分とは、明らかに対立・衝突している。『長部経典』〔梵網経〕においても、「避けるべき邪悪な生活手段」としての呪術〔占い〕に対する戒が比丘たちに説かれているが、この経には、「沙門果経」のように対立・衝突する内容の付加はない。そして、先にみた『相応部経典』「スシーマ」の趣旨と照応しているのは、超自然的、超人的な占いを否定する部分であって、超自然的、超人的な神通力の証得が語られている部分ではない。決定的に重要なのは、釈尊思想において解脱に直結する中枢的な理念である五蘊の理法と縁起の理法と照応しているのは、超自然的、超人的な占いを否定する部分であって、超自然的、超人的な神通力の証得が語られている部分ではない、ということである。かりに超自然的、超人的な神通力の証得が語られている部分が釈尊思想の重要な内容だとすれば、釈尊の根本教説である解脱のための五蘊の理法と縁起の理法は根底から崩壊してしまう。輪廻の観念と不可分の超自然的、超人的な神通力の証得が語られている部分と五蘊の理法・縁起の理法とは両立し得るものではない。

古層の経典『スッタニパータ』のなかに、こういう問答がある。「こころ安住した聖者におたずね致します。家から出て諸々の欲望を除いた修行者が、正しく世の中を遍歴するには、どのようにしたらよいのでしょうか」（３５９）。「師はいわれた。『瑞兆の占い、天変地異の占い、夢占い、相の占いを完全にやめ、吉凶の判断をともにすてた修行者は、正しく世の中を遍歴するであろう』」（３６０）。また、『スッタニパータ』のなかでも最古層に属する「アッタカ・ヴァッガ」においても、釈尊は、「わが徒は、アタルヴァ・ヴェーダの呪法や夢占いと相の占いと星占いとを行なってはならない」（９２７）と説いていた。

超自然的、超人的なことがらを説かず、超自然的、超人的な占いや予言などから厭い離れる戒律のみを詳細かつ具体的に説いている経典がある。『長部経典』〔三明経〕（漢訳『長阿含』「三明経」）である。超自然的、超人的な占いや予言などを否定し、それらから厭い離れるということは、釈尊の初期からの重要教説の一つである。

しかし、超自然的、超人的な神通力を強調する経典も少なくないので注意が必要である。たとえば、釈尊の十大弟子の一人とされるモッガラーナは「神通第一」と称されるが、このモッガラーナの神通力を、比丘たちに威嚇を込めて示している経典がある（『相応部経典』〔心がけに関する集成・モッガラーナ〕、この経は筑摩書房版では訳出されていない）。

釈尊はモッガラーナに言った。「モッガラーナよ。この共に宗教的実践をする者たちが、ミガーラマーツ堂の地階で、浮ついて、驕り高ぶって、ふらふらして、口数多く、雑談をして、われを忘れ、前後不覚で、心が散乱したまま、心が混乱したまま、本能のままに過ごしている。モッガラーナよ。警告してきなさい。」「かしこまりました。尊いお方さま」とモッガラーナは釈尊に返事をし、いわれたとおりに、超自然力の行為をした。すなわち、足の指で、ミガーラマーツ堂を震えさせ、震動させ、振動させた。すると、比丘たちは、怖くなって、身の毛がよだって、一方の隅に立ちすくんだ。「友よ。実に不思議だ。実に前代未聞だ。実に荒々しい。このミガーラマーツ堂は、しっかりと基礎が打たれ、深く沈められ、動かず、震動しないようになっている。しかし、震え、震動し、振動した。」

そして、釈尊は比丘たちのところにやってきた。やってきて、釈尊はかの比丘たちにこのように言った。「比丘たちよ。どうして、あなたがたは怖くなって、身の毛がよだって、一方の隅に立ちすくんでいるのか。」「尊いお方さま。実に不思議です。尊いお方さま。実に前代未聞だ。実に荒々しい。このミガーラマーツ堂は、しっかりと基礎が打たれ、深く沈められ、動かず、震動しないようになっている。しかし、震え、震動し、振動しました。」

「比丘たちよ。あなたがたに警告しようとして、モッガラーナ比丘は足の指で、ミガーラマーツ堂を震えさせ、震動させ、振動させたのだ。比丘らよ。これをどう見るか。どのような教えをくりかえし修行することによってモッガラーナ比丘は、おおいなる超自然力、おおいなる威力を持つ者となったのか。」

「尊いお方さま。わたしたちは、教えは、尊き師を根本とします。尊き師を眼（指導者）とし、〔知識の源泉とします。すばらしいことです。尊いお方さま。今、いわれたことの意味をお教えください〕。比丘たちは、尊い師より聞いて憶えるでしょう。」

「比丘らよ。それでは聞け。比丘らよ。モッガラーナ比丘は、四つの超自然力の基礎〔注:「欲求によって」、「努力することによって」、「心によって」、「思惟によって」、精神集中を得ようと奮励し行動する心がけを修行すること〕をくりかえし修行することによって、おおいなる超自然力、おおいなる威力を持つ者となったのである。」「比丘らよ。モッガラーナ比丘は、この四つの超自然力の基礎をくりかえし修行することによって、おおいなる超自然力、おおいなる威力を持つ者となったのである。比丘らよ。このように比丘が、四つの超自然力の基礎をくりかえし修行すると、多種多様の超常現象を経験する。〔すなわち、一にして多であり、多にして一である。姿を見えたり、消えたりする。壁を通り抜けたり、周壁を通り抜けたり、山を通り抜けたりする際にひっかからないことは、まるで空中を行くようである。地面にもぐったり現れたりすることは、まるで水の上にいるようである。水の上を沈まないで進むことは、まるで陸上にいるようである。空中を結跏趺坐して進むことは、まるで飛ぶ鳥のようである。さらに、おおいなる超自然力、おおいなる威力を持つ月と太陽を手でつかみ、触れる。〕梵天の世界まで、身体で威光を及ぼす。」

この経典は、「四つの超自然力の基礎」などからみて、明らかに後世の創作であるが、それにしても、こうした内容のことを釈尊の名で語らせるのは、正しき智慧でもって解脱することを説く釈尊思想を本質から歪めるものとなっている。

なお、「神通第一」とされるモッガラーナは、注釈文献によると、異教徒(ジャイナ教)に襲撃されて死んだという。この死は、モッガラーナが前世において罪を犯した報いであったと説かれている(中村元『ゴータマ・ブッダⅡ』第2編第1章、中村元選集〔決定版〕第12巻、春秋社、1992年)。不殺生(ahiṃsā、アヒンサー）はジャイナ教の厳しい戒律のうちの最大のものであり、ジャイナ教徒がこういうことを行なったとは考え難いが、いずれにしても、他の資料からしてもモッガラーナが非業の死を遂げたのは確かなようだ。

ある経典は、「天眼」、「地獄」、「大地獄」の状況を説話風に長々と説いているが（『中部経典』〔天使経〕、漢訳『中阿含』「天使経」）、本文中に五蘊と縁起の理法は全く説かれておらず、かつ、この説話の本文中の趣旨は、その結論部分の釈尊の言葉と全くつながらない。釈尊の言葉は、「正しい人々」は、「生死を引き起こす執著のなかに恐怖を見出し、執著を離れることによって、生死の寂静において、解脱する。平安に達し、楽をもつ人々は、現世において寂滅することで、すべての怨みと恐怖を超え、すべての苦しみを乗り越えているのだから」である。この部分は、釈尊の解脱思想の根幹に沿っている。釈尊のこの言葉は、「天眼」、「地獄」、「大地獄」の説話と照応するものではない。

神通力などとの関係では、興味深い経典がある（『中部経典』〔大獅子吼経〕、漢訳『増一阿含経』「結禁品」）。ヴェーサーリーのリッチャヴィ族の王子スナッカッタは、一時出家して釈尊の侍者をつとめたが、釈尊が何ら神通力を示さないのに失望して、還俗して仏教僧団から離脱した。スナッカッタは、釈尊を誹謗して周囲にこう語っていた。

「沙門ゴータマには人間の法を越えた、聖なる者の知見を満たす勝れたものはない。沙門ゴータマは思索に冒された、思索に従い行く、自分で〔自分を〕明らかにする法を説く。そして、なるほど、誰でも、その人のために法が説かれると、その〔法〕はそれを行なう人を正しく苦の滅に導く」と。

このことを弟子の舎利弗（サーリプッタ）から聞いた釈尊は、こう述べた。「かの愚か者のスナッカッタは〔かえって〕如来（＝釈尊）の称讃だけを述べている。なぜならば、舎利弗よ。およそ『なるほど、誰でも、その人のために法が説かれると、その〔法〕はそれを行なう人を正しく苦の滅に導く』とこのようにいうのは、これは如来に対する称讃にほかならないからである。」

つまり、スナッカッタの言葉の内容は、スナッカッタの意図に反して、釈尊に対する称讃を意味していると、釈尊は説いたのである。確かに、法の実践による苦の滅＝解脱は釈尊の根本教説である。他方、スナッカッタが出家して期待していたのは、釈尊に神通力などを示してもらうことであった（これはバラモン教的願望の反映でもあった）。

この経典が上記の「苦の滅に導く」で終わっていれば、これはりっぱに釈尊の根本教説を表示するものとなっていたであろう。ところがこの経典は、すぐ続いて、釈尊をして、「苦の滅」とは何ら関係のない神通力、超人的な力、死後の行き先（地獄、畜生の胎、餓鬼の境遇、人間達、神々）などを縷々、長々と語らせ、釈尊を誹謗する者は地獄に堕ちると釈尊自身に言わしめている。これは、スナッカッタの「沙門ゴータマには人間の法を越えた、聖なる者の知見を満たす勝れたものはない」という言葉に挑発されて、それに反論するために、バラモン教的志向のスナッカッタと同じ世界に入って創作されたものであった。しかし、この反論は釈尊の根本教説の土台を崩すものとなっている。（同じスナッカッタが登場する『長部経典』〔パーティカ経〕は、構図的には『中部経典』〔大獅子吼経〕とほぼ同じである。）

さらに、ある経典は、「来世は存在しない。生れかわる生存者は存在しない。善悪の行為によってその報いを受けることはない」という見解をもつバーヤーシ王と、その見解に対して、「来世は存在し、生れかわる生存者は存在し、善悪の行為によってその報いを受ける」と反論する比丘クマーラ・カッサバの対話を記している（『長部経典』〈弊宿経〉、漢訳『長阿含』「弊宿経」）。

比丘クマーラ・カッサバの反論の論拠には、釈尊思想の根本教説である五蘊と縁起の理法は全く出てこない、のみならず、釈尊の教説そのものが全く出てこない。カッサバの反論は、「月と太陽のたとえ」、「盗賊のたとえ」、「肥えだめのなかに落ちた男のたとえ」、「人間界の百年は天界の一日一夜と同じであるというたとえ」、「生れながらにして目の見えない人のたとえ」、「妊婦と胎児のたとえ」、「夢のなかのたとえ」、「真っ赤に焼けた鉄の玉のたとえ」、「ほら貝と音のたとえ」、「火を祀る結髪修行者のたとえ」、「大隊商の二人の指導者のたとえ」、「雨のなか、糞を運ぶ男のたとえ」、「いかさま賭博師とサイコロのたとえ」、「麻を運ぶ二人の男のたとえ」など、すべて「たとえ」でもってなされている。

そうして、最後に、バーヤーシ王に、こう言わしめている。「わたしは、じつに尊きカッサバの最初のたとえ話に満足し喜んだのです。しかし、わたしはこのような種々なる問答をお聞きしたいと思いましたので、わざと尊きカッサバに反問してみたのです。尊きカッサバよ、わたしは驚きました。尊きカッサバよ、わたしは驚きました。あたかもくつがえされた者をおこすように、覆われたものを開くように、方角に迷った者に道を示すように、あるいは『眼ある人は諸々のかたちを見るであろう』といって暗闇のなかで灯火をかかげるように、このように尊きカッサバはじつにいろいろな方法で真理を明らかにされました。だから、わたしはゴータマ尊師に帰依いたします。また真理の教えと修行僧のつどいに帰依いたします。尊きカッサバよ、今日より以降わたしを在俗信者として、受け入れてください。」

実は、これと同じ趣旨の対話は、輪廻を実体として認めているジャイナ教の聖典でも伝えられている。上の経典の作者は、ジャイナ教の聖典から持ち込んでか、あるいはジャイナ教との共通の資料に基づいてかして作成したのであろう。釈尊の教説が全く出てこないのは当然である。この経典の趣旨は、釈尊思想とは関係ないとみてよい。（ジャイナ教の聖典における対話の要旨は、春秋社版『原始仏典第2巻　長部経典Ⅱ』での〔弊宿経〕訳註を参照。）

第二章　輪廻の観念からの解脱と欲望からの解脱の関係性

釈尊においては、輪廻の観念からの解脱は欲望（煩悩）からの解脱と無関係ではない。むしろ両者は密接不可分である。つまり、欲望（煩悩）から解脱する者は、輪廻の観念からも解脱するのである。逆からいえば、欲望（煩悩）に縛せられる者は輪廻の観念にも縛せられるということである。

「固体もしくは液体の食物」と並んで、「触」、「意思」、「識」を食物にたとえて、これらの食物に対する「貪り」、「喜び」、「渇愛」すなわち欲望が強ければ、迷える生涯を繰返し、輪廻の観念から超脱しないと釈尊が説いている経がある。欲望からの解脱と輪廻の観念からの解脱は不可分であるわけである（『相応部経典』「因縁相応・有貪」、〔因縁についての集成・貪欲がある〕、漢訳『雑阿含経』「有貪」）。

「比丘たちよ、四つの食《じき》（食糧）なるものがあって、それらが一切の生類を資益して、この世に生じ、この世に住せしめるのである。

その四つの食とはなんであろうか。一つには、固体もしくは液体の食物、二つには、触（接触）なる食、三つには、意思なる食、そして、四つには、識（意識）という食である。比丘たちよ、これらの四つの食があって、それらが一切の生類を資益して、この世に生じ、この世に存せしめるのである。

しかるに、比丘たちよ、もし食物において、貪りがあり、喜びがあり、渇愛があれば、そこに識が存し、そして増長する。識が存し、増長すると、名色が現れてくる。名色が現れてくると、そこにはもろもろの行（意志）がいや増してくる。もろもろの行がいや増してくると、また未来において迷える生涯を繰返すこととなる。また未来において迷える生涯を繰返すと、未来にもまた生・老・死がある。未来に生・老・死があれば、また愁いがあり、苦しみがあり、悩みがある、とわたしはいうのである。」（以下、「触なる食」、「意思なる食」、「識という食」についても同趣旨。）

「しかるに、比丘たちよ、もし食物において、貪りがなく、喜びがなく、渇愛がなかったならば、そこには識は存せず、増長することもない。識が存せず、増長しなかったならば、名色が現れてくることもない。名色が現れてこなかったならば、そこにはもろもろの行がいや増すこともない。もろもろの行がいや増してこなければ、また未来において迷える生涯を繰返すこともない。未来においてさらに迷える生涯を繰返すことがなければ、未来における生・老・死もない。未来に生・老・死がなければ、比丘たちよ、また愁いもなく、苦しみもなく、悩みもない、とわたしはいうのである。」（以下、「触なる食」、「意思なる食」、「識という食」についても同趣旨。）

同じく、「固体もしくは液体の食物」、「触なる食」、「意思なる食」、「識という食」を示しつつ、これらに対する五種欲（色・声・香・味・触における欲）における貪りがあれば、それらに縛せられて輪廻の観念から脱却しないと説いている経もある（『相応部経典』「因縁相応・子の肉」、〈因縁についての集成・子供の肉〉、『雑阿含経』「子肉」）。

「比丘たちよ、それとおなじく、わたしは、食物はよく知らなければならないという。比丘たちよ、食物についてよく知るとき、また五種欲における貪りもよく知られるのである。そして、五種欲における貪りがよく知られるにいたるとき、もはやその結（束縛）はないであろう。結によって縛せられた弟子たちは、ふたたびこの世界に還り来らねばならないであろう。」

また、学習期の若き婆羅門が釈尊に対して、「何を婆羅門というか」の問いを出したところ、釈尊は偈でもって、こう説いている（『中部経典』〔ヴァーセッタ経〕）。この経は、欲望（煩悩）からの解脱と輪廻の観念からの解脱が一体的であることを明示している。

「あらゆる束縛を断って
恐怖あることなき者
結びめを解きて自由となれる者
かかる者をわたしは婆羅門という」
「怒りと愛着と悪見を
ねむれる煩悩とともに断ち切って
無明をすてて覚れる者
かかる者をわたしは婆羅門という」
「怒りなく、よくつとめ
徳ありて、むさぼりなく
おのれの生を調えて、また迷いの生を繰り返さざる者かかる者をわたしは婆羅門という」
「この世にたいして欲求なく
かの世にたいしても欲求なく
愛執なくして、自由なる者
かかる者をわたしは婆羅門という」
「この世にいう善と悪とを
ともに捨てさり、執著なく
憂愁なく、塵埃を去り、浄らかなる者
かかる者をわたしは婆羅門という」
「浄きこと曇りなき月のごとく
清澄にして濁りなく
生の喜びを滅し尽せし者
かかる者をわたしは婆羅門という」
「この嶮路と難路をこえ
輪廻と愚痴を渡りゆき
彼岸にいたりて禅定し
もはや欲なく疑いなく
取著なくして寂滅せる者

かかる者をわたしは婆羅門という」
「この世の諸欲を捨て去りて
出家者として遊行し
生の欲望を滅尽せし者
かかる者をわたしは婆羅門という」

第三章　輪廻は迷妄か

第1節　正しい智慧でもって解脱することの意味するもの

輪廻の観念との関係で重要な問題がある。輪廻は「迷妄」（moha）であるのか、という問題である。何をもって輪廻（の観念）から解脱するのかという視点から検討する。経典をみてみる。

1．「智慧」でもって輪廻から解脱した（『相応部経典』「因縁相応・スシーマ（須戸摩）」、〈因縁についての集成・スシーマ〉、漢訳『雑阿含経』「須深」）。

比丘たち「われらは、〈わが迷いの生涯は尽きた。清浄の行はすでに成った。作すべきことはすでに弁じた。このうえは、もはや迷いの生涯を繰返すことはない〉と知ることができました。」「わたしどもは智慧によって解脱したのである。」

釈尊「法についての智がまずあって、それから涅槃についての智がなるのである。」

2．「正しい考え方、智慧による悟り」でもって輪廻から解脱した（『相応部経典』「因縁相応・城邑」、〈因縁についての集成・都城〉、漢訳『雑阿含経』「城邑」)。

「比丘たちよ、むかし、わたしは、まだ正覚をえなかった修行者であったころ、このように考えた。〈この世間はまったく苦の中に陥っている。生れては老い衰え、死してはまた再生する。しかもわたしどもは、この老いと死の苦しみを出離するすべを知らない。まったく、どうしたならばこの老いと死の苦しみを出離することを知ることができようか〉と。」

「その時、わたしには正しい考え方によって、智慧による悟りが生れてきた。」

「わたしは、過去の正覚者たちのたどった古道・古径を発見した。」「過去の諸仏のたどった古道・古径とはなんであろうか。それはかの八つの聖なる道のことである。すなわち、正見・正思・正語・正業・正命・正精進・正念・正定がそれである。比丘たちよ、これが過去の正覚者たちのたどった古道・古径であって、この道にしたがいゆきて、わたしもまた、老死を知り、老死のよって来るところを知り、老死のよって滅するところを知り、また老死の滅にいたる道を知ったのである。」

3．四つの聖諦(苦の聖諦、苦の生起の聖諦、苦の滅尽の聖諦、苦の滅尽にいたる道の聖諦)を「了得」、「通暁」、「知見」することによって、流転・輪廻から超脱した(『長部経典』〈大般涅槃経〉、漢訳『長阿含経』「遊行経」)。

「比丘たちよ、四つの聖諦を、よく了得せず、通暁せざるによって、かくのごとき長きにわたって、わたしも、また、そなたたちも、ともに流転し、輪廻したのである。その四つというのはなんであろうか。

比丘たちよ、苦の聖諦を、よく了得せず、通暁せざるによって、かくのごとき長きにわたって、わたしも、また、そなたたちも、ともに流転し、輪廻したのである。

比丘たちよ、苦の生起の聖諦を、よく了得せず、通暁せざるによって、かくのごとき長きにわたって、わたしも、また、そなたたちも、ともに流転し、輪廻したのである。

比丘たちよ、苦の滅尽の聖諦を、よく了得せず、通暁せざるによって、かくのごとき長きにわたって、わたしも、また、そなたたちも、ともに流転し、輪廻したのである。

比丘たちよ、苦の滅尽にいたる道の聖諦を、よく了得せず、通暁せざるによって、かくのごとき長きにわたって、わたしも、また、そなたたちも、ともに流転し、輪廻したのである。

しかるに、比丘たちよ、いまや、われらは、苦の聖諦を、よく了得し、通暁したのである。

また、比丘たちよ、いまや、われらは、苦の生起の聖諦を、よく了得し、通暁したのである。

また、比丘たちよ、いまや、われらは、苦の滅尽の聖諦を、よく了得し、通暁したのである。

また、比丘たちよ、いまや、われらは、苦の滅尽にいたる道の聖諦を、よく了得し、通暁することを得たのである。

かくて、われらは生への妄執（bhava-taṇhā：bhava は有・存在・生存を意味し、taṇhā は渇愛を意味する、生存への渇愛である）を断ち、生のきずなを滅したので、もはや、迷いの生を繰り返すことはないであろう。」

釈尊はまた、偈でもって、こう説いた。

「四つの聖諦をあるがままに

知見せざりし故に
久しく処々に生を受け
迷いの生を繰り返せり

いまはそれらを知見して
生のきずなは断ちきられ
苦の根本は滅したれば
もはや、迷いの生は繰り返さじ」

4．四つの法（「聖なる戒」、「聖なる定」、「聖なる慧」、「聖なる解脱」）を「了得」し、「通暁」したことによって、輪廻から解脱した（『長部経典』〈大般涅槃経〉、漢訳『長阿含経』「遊行経」）。
「比丘たちよ、四つの法を、よく了得せず、通暁せざるによって、かくのごとき長きにわたって、わたしも、また、そなたたちも、ともに流転し、輪廻したのである。」

「しかるに、比丘たちよ、いまや、われらは、その聖なる戒を、よく了得し、通暁したのである。

また、比丘たちよ、いまや、われらは、その聖なる定を、よく了得し、通暁したのである。

また、比丘たちよ、いまや、われらは、その聖なる慧を、よく了得し、通暁したのである。

また、比丘たちよ、いまや、われらは、その聖なる解脱を、よく了得し、通暁したのである。

かくて、われらは、生への妄執を断ち、生のきずなを滅したので、もはや、迷いの生を繰り返すことはないであろう。」

5.「正しい思惟と智慧」でもって、輪廻から解脱した（『相応部経典』「因縁相応・大釈迦牟尼瞿曇」、〔因縁についての集成・大釈迦牟尼瞿曇〕、漢訳『雑阿含経』「仏縛」）。

「比丘たちよ、わたしはまだ正覚を成就しない菩薩であったころ、心ひたすらにかように考えた。〈まことにこの世間は苦のなかにある。生れ、老い、衰え、死し、また生れ、それでもなお、この苦を出離することを知らず、この老死を出離することを知らない。いったい、いつになったらこの苦の出離を知り、この老死の出離を知ることができようか〉と。

比丘たちよ、その時、わたしはかように考えたのである。〈なにがあるがゆえに、老死があるのであろうか。なにに縁って老死があるのであろうか〉と。比丘たちよ、その時、わたしは、正しい思惟と智慧とをもって、かように解することをえた。〈生があるがゆえに老死があるのである。生に縁って老死があるのである〉と。」（以下、縁起の理法が説かれる。）

6.無明（無智、無知）におおわれて輪廻から解脱できない（『相応部経典』「無始相応・草薪」、〔無始についての集成・草と木〕、漢訳『雑阿含経』「土丸」）。

「比丘たちよ、輪廻はその始めもなきものであって、生きとし生けるものが、無明におおわれ、貪欲に縛せられて、流転し、輪廻したる始源は知ることをえない。

比丘たちよ、たとえば、ここに人があって、この世界における草や芝や枝や小枝をきって、一箇処にあつめ、四角の山積みをつくって、その一つずつを、〈これはわたしの母である。これはわたしの母の母である〉といって数えてゆくとするがよい。だが、比丘たちよ、その人は、まだその母を数えおわらないうちに、この世界の草や芝や枝や小枝は、尽きてしまうであろう。

それは、どうしてであろうか。比丘たちよ、この輪廻はその始めもなきものであって、生きとし生けるものが、無明におおわれ、貪欲に縛せられて、流転し、輪廻したるその始源は知ることをえないのである。

比丘たちよ、そのようにして、ながいながい歳月のあいだにわたって、苦しみを受け、痛手を受け、災いを受け、ただ墳墓のみがいや増しにましてきたのである。

だから、比丘たちよ、この世におけるもろもろの営みは厭うがよく、厭い離れるがよく、したがって、そこより解脱するがよいというのである。」

7．無明を断じることでもって、輪廻から解脱することができる（『相応部経典』「因縁相応・愚と賢」、〔因縁についての集成・愚者と賢者〕、漢訳『雑阿含経』「愚痴黠慧《かつえ》」）。

「比丘たちよ、愚かなる者にあっても、無明におおわれ、渇愛に縛せられるかぎり、この身は生ずる。だが、愚かなる者にあっては、いつまで経っても、無明を断じ、渇愛のつきる時はやってこない。なぜであるか。比丘たちよ、それは、愚かなる者は聖なる修行を行ぜず、まさしく苦を滅することをなさないからである。だから、愚かなる者は、身壊れ、命終っても、またその身を生ずる。その身生ずるがゆえに、彼は生・老死・愁・悲・苦・憂・悩を解脱することができない。わたしは、それを、苦より解脱しないというのである。

比丘たちよ、また賢き者にあっても、無明におおわれ、渇愛に縛せられるかぎり、この身は生ずる。だが、賢き者にとっては、その無明をはらい、渇愛をなくする時があるのである。なぜであろうか。比丘たちよ、それは、賢い者は、聖なる修行を行じ、まさしく苦を滅することをなすからである。だから、賢い者は、身壊れ、命終ってのち、またその身を生ずることがない。その身を生じないがゆえに、彼は生・老死・愁・悲・苦・憂・悩を解脱することができる。わたしは、それを、苦より解脱するというのである。

比丘たちよ、賢き者と愚かなる者とでは、このような違いがある。このような差別があり、差異があるのである。それはすなわち聖なる修行をするがゆえである。」

以上、要するに、輪廻から解脱するのは、「智慧」(paññā、英訳:wisdom、knowledge、insight) でもって、「正しい考え方、智慧による悟り」でもって、四つの聖諦を「了得」、「通暁」、「知見」することによって、四つの法を「了得」、「通暁」することによって、「正しい思惟と智慧」でもって、である。無明(無智、無知)におおわれては輪廻から解脱できず、無明を断じることで輪廻から解脱するのである。いずれも、知的営為である。知的営為でもって輪廻から解脱するということは、輪廻という「実体」から解脱するのではなく、輪廻という「観念」から解脱することを意味している。かりに実体だとすれば、それが知的営為によって魔法のように消え去ると釈尊がみなしていたとは、およそ考えられない。観念の世界が対象であるから、知的営為でもって解脱が可能となるのである。釈尊が「輪廻から解脱する」と説く場合、「輪廻の観念からの解脱する」を含意していた。そうであるからこそ、知的営為によって解脱できるのである。そして、輪廻は解脱されるべき苦という否定的観念である。輪廻は知的営為によって解脱され得る苦という否定的観念であるがゆえに、輪廻は「迷妄」（moha、英訳：delusion）であるわけである。釈尊が強調しているように、輪廻からの解脱は、「迷いの生を繰り返さない」ことを意味していた。すなわち、迷妄の生を繰り返さないということである。釈尊の輪廻についての教説は、輪廻の「実体」に係るもの（「実体」論）でなく、輪廻の「認識」に係るもの（「認識」論）であった。

輪廻は煩悩から生じる迷妄であることを明示している経典がある（『中部経典』「マハーサッチャカ経」、漢訳なし）。釈尊は、ジャイナ教の徒のサッチャカ（アッギヴェッサナ）にこう説いた。

「およそだれでも、アッギヴェッサナよ、苦痛をともない、未来の再生をもたらし、恐ろしい苦をもたらし、将来に生・老・死をもたらすもろもろの煩悩が捨てられていないならば、かれを、わたしは迷妄のある者といいます。アッギヴェッサナよ、なぜなら、もろもろの煩悩が捨てられていないがために、迷妄があるからです。

およそだれでも、アッギヴェッサナよ、苦痛をともない、未来の再生をもたらし、恐ろしい苦をもたらし、将来に生・老・死をもたらすもろもろの煩悩が捨てられているならば、かれを、わたしは迷妄なき者といいます。アッギヴェッサナよ、なぜなら、もろもろの煩悩が捨てられているために、迷妄がないからです。

いいですか、アッギヴェッサナよ、如来においては、苦痛をともない、未来の再生をもたらし、恐ろしい苦をもたらし、将来に生・老・死をもたらすもろもろの煩悩は、捨てられ、根こそぎにされ、根が抜かれたターラの樹のように、なきものにされ、将来に再生しません。

たとえば、アッギヴェッサナよ、あたまを切られたターラの樹はふたたび成育できないように、ちょうどそのように、アッギヴェッサナよ、如来においては、苦痛をともない、未来の再生をもたらし、恐ろしい苦をもたらし、将来に生・老・死をもたらすもろもろの煩悩は、捨てられ、根こそぎにされ、根が抜かれたターラの樹のように、なきものにされ、将来に再生しません。」

釈尊の時代においては、人々は輪廻の観念に強くとらわれていた。それが強烈であったがゆえに、とらわれていた本人たちには、輪廻はあたかも実体であるかのように意識され、この意識によって苦しめられていた。釈尊は、この苦の滅尽のためには、すなわち解脱するためには、五蘊の理法と縁起の理法を知り、八聖道を実践する（これは苦行ではない）ことによって可能であると説いた。釈尊思想においては、輪廻は迷妄であるがゆえに、正しい智慧と八聖道の実践によって解脱され得るのである。

このことは、ジャイナ教における輪廻の思想と対比すれば理解されやすい。ジャイナ教と初期仏教は類似性、相似性が強調されることが多いが、重要な相違点がある。その一つが、輪廻のとらえ方である。

ジャイナ教は、霊魂の存在を認める。ジャイナ教の霊魂（命我、活命、Jīva、ジーヴァ：サンスクリット語、以下同様）は、ウパニシャッドのアートマンのような個体に内在する普遍者ではなく、個別に存在し、人間のみでなく動物・植物・地・水・火・風にも宿っている。植物・地・水・火・風は、輪廻の中にある霊魂であるが、これらは不動のものである。輪廻の中にある霊魂で可動のものは、地獄の住人、人間以下の動物（畜生）、人間、超人・神（天人）である。

世界は霊魂と非霊魂（運動因、停止因、空間（虚空）、物質）とからなる。運動因は霊魂と物質を動かす条件であり、停止因はその逆の条件である。輪廻とは、霊魂が物質と結合して世界内を上下することとされる（植物・地・水・火・風の不動の霊魂を除く）。

ジャイナ教は、輪廻について、それは、業から離脱して解脱するまでは、実体として存在する、すなわち実在すると考えていた。この点では、ウパニシャッドの伝統的な輪廻思想と認識的に同じくする。ジャイナ教での輪廻の主体は霊魂である。霊魂は本然的には純粋の直観力、認識力、活動力、浄福性を有しているが、しかし、これらの性質は、一般に、霊魂に付着・浸透している微細な物質（これは原子 poggala から構成されているとされる）に妨害されて、完全には現出しない。この微細な物質が業（karman）である。業が霊魂に付着・浸透して業身（kārmaṇa-śarīra）を作る。霊魂は純粋生命であり、質料はなく、上昇性を有しているが、物質は生命なく、質料があり、下降性を有している。初期仏教は業を精神的なものと考えていたが、ジャイナ教は業を物質的なものとみなしていた。この相違は、輪廻の思想との関係では、極めて重要である。

人は活動して身・口・意の三業を現出する。業は人に欲望を起こさせ、欲望によって善悪の行為が行なわれる。この行為の結果として、次の生において苦と楽とを経験する。古い業物質（karma-pudgala）

は、苦と楽の経験という果実を結ぶに至ったとき、霊魂から離れるが、別な業が新たに流入（āsrava、「漏」）して、この業物質は霊魂を束縛する（bandha、「縛」）。業物質と結合した霊魂は一つの生から次の生へと輪廻を続ける。

こうした輪廻から解脱するためには、業物質が霊魂に付着しないようにしなければならない。その方法としては、新たな業物質が霊魂に流入してくるのを制御し防止することと、すでに霊魂に付着・浸透した業を止滅し絶滅すること、がある。防止のためには、道徳的行為によって欲望を抑え、感覚器官を制御せねばならない。止滅のためには、修行（苦行）が必要となる。断食などの苦行を勧め、断食死も容認されている。

すべての業から離脱することが解脱である。輪廻とは霊魂が業物質と結合して世界内を上下することであるが、解脱後は、霊魂は、執着がなくなるから世界空の頂上まで上昇し、戻ってこない、とされる。（ジャイナ教の教説については、5〜6世紀頃のウマースヴァーティの著作『タットヴァ経（タットヴァールターディガマ・スートラ）』、14世紀のサーヤナ・マーダヴァ（ヴェーダーンタの学者）の著作『全哲学綱要』の第3章「阿羅漢の教え（ジャイナ教綱要）」、長崎法潤「ジャイナ教の解脱論」仏教思想研究会『仏教思想8 解脱』平楽寺書店、1982年、谷川泰教「原始ジャイナ教」『インド思想1』岩波講座・東洋思想第5巻、1988年、中村元『思想の自由とジャイナ教』中村元選集〔決定版〕第10巻、春秋社、1991年などを参照。）

上述のように、ジャイナ教においても、釈尊思想と同じく、業は欲望と不可分であるが、しかし、業を精神的なものとする釈尊と異なって、ジャイナ教は、業を物質的なものであるとし、業物質が霊魂を束縛し、業物質と結合した霊魂は輪廻を続けると考えている。ここでは、輪廻は実体と認識されている。また、輪廻から解脱するために、ジャイナ教は苦行を説いているが、釈尊は苦行を否定し（八聖道の実践は苦行ではない）、五蘊と縁起の理法を知るという知的営為によって解脱することを説いている。釈尊思想においては、輪廻は知的営為によって解脱され得る迷妄である。

第2節　五蘊と縁起の理法からして輪廻は迷妄か

五蘊の理法と縁起の理法そのものの詳細はすでに論じているので、ここでは、五蘊の理法と縁起の理法からして輪廻は迷妄であるのか否かとの関係で考察する。（以下、既述の経典の繰り返しがあるが、これらは、ここでの課題の理解に資するためのものである。）

（1）五蘊の理法からして輪廻は迷妄か

まず、五蘊の理法との関係で、輪廻は迷妄であるのか否かを検討する。

経典として、最初に、『相応部経典』「蘊相応・五取蘊の四転」、（存在の構成要素についての集成・取著するものの転変）（漢訳『雑阿含経』「転」）を取り上げる。

「比丘たちよ、色とはなんであろうか。比丘たちよ、四つの元素（地・水・火・風）と、四つの元素によって造られたる物、これを名づけて色となす。それを養うものがあって色の生起がある。それを養うものがなくなって色の滅尽がある。また、その滅尽にいたる道とは八支の聖道である。いわく、正見、正思、正語、正業、正命、正精進、正念、正定である。

比丘たちよ、もろもろの沙門・婆羅門が、このように色を証知し、このように色の滅尽を証知し、そして、このように色の滅尽にいたる道を証知して、よく色を厭い離れ、よく貪りを離れ、よくその滅尽に向うならば、それはその道に順うものである。よくその道に順うものは、確乎としてその法と律のなかに立つものである。

また、比丘たちよ、もろもろの沙門・婆羅門にして、よくこのような色を証知し、このように色の生起を証知し、このように色の滅尽を証知し、そして、このように色の滅尽にいたる道を証知して、よく色を厭い離れ、よく貪りを離れ、よくその滅尽にいたるならば、彼はもはや取著なきによりて自由となり、よく解脱せるものとなる。そして、よく解脱すれば、その人はすでに完成したのであり、完成すれば、その時もはや輪廻などというものはありえないのである。」

「では、比丘たちよ、受とはなんであろうか。比丘たちよ、六つの感受する器官（六処）のはたきである。いわく、眼の触れて生ずる感覚、耳の触れて生ずる感覚、鼻の触れて生ずる感覚、舌の触れて生ずる感覚、身の触れて生ずる感覚、意の触れて生ずる感覚である。比丘たちよ、これらを名づけて受となす。そこでは、接触があって受の生起がある。接触がなくなって受の滅尽がある。そして、その滅尽にいたる道とは八支の聖道である。いわく、正見、正思、正語、正業、正命、正精進、正念、正定である。

比丘たちよ、もろもろの沙門・婆羅門にして、よくこのような受を証知し、よく受を厭い離れ、よく貪りを離れ、よくその滅尽にいたるならば、彼はもはや取著なきによりて自由となり、よく解脱せるものとなる。そして、よく解脱すれば、その人はすでに完成したのであり、完成すれば、その時もはや輪廻などというものはありえないのである。」

「では、比丘たちよ、想とはなんであろうか。比丘たちよ、六つの表象する作用である。いわく、色の表象、声の表象、香の表象、味の表象、感触の表象、および、観念の表象である。これらを名づけて想という。そこでも、接触があって想の生起がある。接触がなくなって想の滅尽がある。そして、その滅尽にいたる道とは八支の聖道である。いわく、正見、正思、正語、正業、正命、正精進、正念、正定である。

比丘たちよ、もろもろの沙門・婆羅門にして、よくこのような想を証知し、よく想を厭い離れ、よく貪りを離れ、よくその滅尽にいたるならば、彼はもはや取著なきによりて自由となり、よく解脱せるものとなる。そして、よく解脱すれば、その人はすでに完成したのであり、完成すれば、その時もはや輪廻などというものはありえないのである。」

「では、比丘たちよ、行とはなんであろうか。比丘たちよ、六つの意志するいとなみである。いわく、色への意志、声への意志、香への意志、味への意志、感触へ意志、観念への意志である。これらを名づけて行という。そこでも、接触があって行の生起がある。接触がなくなって行の滅尽がある。そして、その滅尽にいたる道とは八支の聖道である。いわく、正見、正思、正語、正業、正命、正精進、正念、正定である。

比丘たちよ、もろもろの沙門・婆羅門にして、よくこのような行を証知し、よく行を厭い離れ、よく貪りを離れ、よくその滅尽にいたるならば、彼はもはや取著なきによりて自由となり、よく解脱せるものとなる。そして、よく解脱すれば、その人はすでに完成したのであり、完成すれば、その時もはや輪廻などというものはありえないのである。」

「では、比丘たちよ、識とはなんであろうか。比丘たちよ、それは六つの意識するいとなみである。いわく、眼の意識、耳の意識、鼻の意識、舌の意識、身の意識、意の意識である。これらを名づけて識という。そこでは、名と色があるによりて識の生起がある。名がなく色がなくなって識の滅尽がある。そして、その滅尽にいたる道とは八支の聖道である。いわく、正見、正思、正語、正業、正命、正精進、正念、正定である。

比丘たちよ、もろもろの沙門・婆羅門が、このように識を証知し、このように識の滅尽を証知し、そして、このように識の滅尽にいたる道を証知して、よく識を厭い離れ、よく貪りを離れ、よくその滅尽に向うならば、それはその道に順うものである。よくその道に順うものは、確乎としてその法と律のなかに立つものである。

比丘たちよ、もろもろの沙門・婆羅門にして、よくこのような識を証知し、そして、このように識の滅尽にいたる道を証知して、よく識を厭い離れ、よく貪りを離れ、よくその滅尽にいたるならば、彼はもはや取著なきによりて自由となり、よく解脱せるものとなる。そして、よく解脱すれば、その人はすでに完成したのであり、完成すれば、その時もはや輪廻などというものはありえないのである。」

この経典においては、色、受、想、行、識の「五蘊」、およびこの五蘊と不可分である「六つの感受する器官のはたらき」、「六つの表象する作用」、「六つの意志するいとなみ」、「六つの意識するいとなみ」が説明され、そして、このような五蘊を「証知」し、このように五蘊の生起を「証知」し、このように五蘊の滅尽を「証知」し、そして、このように五蘊の滅尽にいたる道を「証知」して、よく五蘊を厭い離れ、よく貪りを離れ、よくそれらの滅尽にいたるならば、彼はもはや取著なきによりて自由となり、よく解脱せるものとなり、よく解脱すれば、その人はすでに完成したのであり、「完成すれば、その時もはや輪廻などというものはありえないのである」と説かれている。

ここでは、五蘊、五蘊の生起、五蘊の滅尽、五蘊の滅尽にいたる道を証知する → 五蘊を厭い離れ、貪りを離れ、それらの滅尽にいたる（滅尽にいたる道は八聖道である） → 五蘊に対する取著なきによりて自由となる → 解脱する → もはや輪廻などというものはありえない、という構図になっている。解脱するまでの流れは知的営為であり、その結果として、輪廻から脱却するということである。五蘊に対する取著がなくなれば、解脱し、輪廻も消失するということは、逆から言えば、五蘊に対する取著が輪廻の観念を生み出すことを意味している。取著が輪廻という迷妄を生み出すのである。よって、取著がなくなれば、輪廻の観念＝迷妄もなくなるのである。

別の視点すなわち五蘊の「無常性」の視点から、輪廻の観念からの解脱を説いている経典がある（『相応部経典』「蘊相応・無常」、〔存在の構成要素についての集成・無常であること〕、漢訳『雑阿含経』「清浄」）。

「比丘たちよ、色は無常である。無常であるから苦である。苦であるから無我である。無我であるから、これはわが所有《もの》にあらず、我にあらず、またわが本体でもない。そのように正しき智慧をもって如実に見るがよい。そのように正しき智慧をもって見れば、その心は執するところなく、煩悩を離れて解脱するであろう。

比丘たちよ、受は無常である。無常であるから苦である。苦であるから無我である。無我であるから、これはわが所有にあらず、我にあらず、またわが本体でもない。そのように正しき智慧をもって如実に見るがよい。そのように正しき智慧をもって見れば、その心は執するところなく、煩悩を離れて解脱するであろう。

比丘たちよ、想は無常である。無常であるから苦である。苦であるから無我である。無我であるから、これはわが所有にあらず、我にあらず、またわが本体でもない。そのように正しき智慧をもって如実に見るがよい。そのように正しき智慧をもって見れば、その心は執するところなく、煩悩を離れて解脱するであろう。

比丘たちよ、行は無常である。無常であるから苦である。苦であるから無我である。無我であるから、これはわが所有にあらず、我にあらず、またわが本体でもない。そのように正しき智慧をもって如実に見るがよい。そのように正しき智慧をもって見れば、その心は執するところなく、煩悩を離れて解脱するであろう。

比丘たちよ、識は無常である。無常であるから苦である。苦であるから無我である。無我であるから、これはわが所有にあらず、我にあらず、またわが本体でもない。そのように正しき智慧をもって如実に見るがよい。そのように正しき智慧をもって見れば、その心は執するところなく、煩悩を離れて解脱するであろう。

比丘たちよ、もし色の世界において、その心は執するところなく、煩悩を離れて解脱し、受の世界において、その心は執するところなく、煩悩を離れて解脱し、想の世界において、その心は執するところなく、煩悩を離れて解脱し、行の世界において、その心は執するところなく、煩悩を離れて解脱し、識の世界において、その心は執するところなく、煩悩を離れて解脱すれば、解脱せるがゆえに、動揺せず、動揺せざるがゆえに充ち足り、充ち足りるがゆえに恐怖せず、恐怖せずして、おのずから完全に涅槃し、〈わが迷いの生はすでに尽きた。清浄の行はすでに成った。作すべきことはすでに弁じた。このうえは、さらに迷いの生を繰り返すことはないであろう〉と知るのである。」

五蘊は無常である、「無常であるから苦である。苦であるから無我である。無我であるから、これはわが所有にあらず、我にあらず、またわが本体でもない。そのように正しき智慧をもって如実に見るがよい。そのように正しき智慧をもって見れば、その心は執するところなく、煩悩を離れて解脱するであろう」においては、五蘊は無常　↓　無常であるから苦である　↓　苦であるから無我である　↓　無我であるから、これはわが所有にあらず、我にあらず、またわが本体でもないと正しき智慧をもって如実に見る　↓　心は執するところがなくなる　↓　煩悩を離れて解脱する　↓　迷いの生を繰り返さない、という構図になっている。

この構図は、五蘊は、無我である、すなわち、わが所有にあらず、我にあらず、またわが本体でもない、と正しき智慧をもって如実に見れば、心は執するところがなくなり、煩悩を離れて解脱し迷いの生を繰り返さないが、一方、五蘊は、我である、すなわち、わが所有であり、我であり、またわが本体であると見れば、心は執するところがなくならず、煩悩に束縛されて解脱しないで迷いの生を繰り返す、という内容を示している。解脱するかしないかは、五蘊を正しき智慧をもって如実に見て、心が執するところがなくなるか否かによる（前の経典〔『相応部経典』「蘊相応・五取蘊の四転」〕では「五蘊に対する取著なきによりて自由となる」であった）。最重要なのは「執するところがなくなる」である。そうして、解脱すれば、迷いの生はすでに尽きた、さらに迷いの生を繰り返すことはない、ということを知ることになる。釈尊はこう説く。「我」という実体はない。実体がない我が輪廻することはない。我を実体と考えるのは迷妄である。実体がない我が輪廻すると考えることも迷妄である。迷妄が輪廻するのである。五蘊の本質を正しき智慧をもって如実に見て、心が執するところがなくなれば、輪廻という観念＝迷妄から解脱することになるのである。解脱するのは、解脱の能動主体・実践主体としての「自己」であり、「我」ではない。自己と我は異なる（このことは、すでに論じている）。

五蘊が無常であるにもかかわらず、なぜ五蘊にとらわれるのか。五蘊を正しく見ないからである。正しく見ないから五蘊を喜ぶ心と貪りが生ずるが、正しく見れば五蘊を厭う心が生じて、心が自由となり、解脱する。これを説いている経典がある（『相応部経典』「蘊相応・喜び尽きて」〔存在の構成要素についての集成・喜びが尽きる〕）。

「比丘たちよ、もし比丘が、無常なる色を無常であると見るとき、その時、彼は正見にいたる。正しく見れば、おのずから厭う心が生ずる。そして、喜ぶ心がなくなるから、貪りがなくなる。また、貪りがなくなるから、喜ぶ心がなくなる。かくして、心がよろこび（喜）、身体がもえる（貪）ことがなくなるゆえに、心が自由となる。これを、よく解脱せるものというのである。

比丘たちよ、もし比丘が、無常なる受を無常であると見るとき、その時、彼は正見にいたる。正しく見れば、おのずから厭う心が生ずる。そして、喜ぶ心がなくなるから、貪りがなくなる。また、貪りがなくなるから、喜ぶ心がなくなる。かくして、心がよろこび（喜）、身体がもえる（貪）ことがなくなるゆえに、心が自由となる。これを、よく解脱せるものというのである。

比丘たちよ、もし比丘が、無常なる想を無常であると見るとき、その時、彼は正見にいたる。正しく見れば、おのずから厭う心が生ずる。そして、喜ぶ心がなくなるから、貪りがなくなる。また、貪りがなくなるから、喜ぶ心がなくなる。かくして、心がよろこび（喜）、身体がもえる（貪）ことがなくなるゆえに、心が自由となる。これを、よく解脱せるものというのである。

比丘たちよ、もし比丘が、無常なる行を無常であると見るとき、その時、彼は正見にいたる。正しく見れば、おのずから厭う心が生ずる。そして、喜ぶ心がなくなるから、貪りがなくなる。また、貪りがなくなるから、喜ぶ心がなくなる。かくして、心がよろこび（喜）、身体がもえる（貪）ことがなくなるゆえに、心が自由となる。これを、よく解脱せるものというのである。

比丘たちよ、もし比丘が、無常なる識を無常であると見るとき、その時、彼は正見にいたる。正しく見れば、おのずから厭う心が生ずる。そして、喜ぶ心がなくなるから、貪りがなくなる。また、貪りがなくなるから、喜ぶ心がなくなる。かくして、心がよろこび（喜）、身体がもえる（貪）ことがなくなるゆえに、心が自由となる。これを、よく解脱せるものというのである。」

五蘊の理法においては、五蘊が無常であるだけではなく、五蘊を生起せしめる因と縁も無常である。また、五蘊が無我であるだけではなく、五蘊を生起せしめる因と縁も無我である。徹底した「無常」論、「無我」論である（『相応部経典』「蘊相応・因」、〔存在の構成要素についての集成・原因〕、漢訳『雑阿含経』「因」）。こうした徹底した「無常」論、「無我」論は、輪廻という観念＝迷妄からの徹底した解脱と不可分である。

また、我と無我について、「この身という考え方の成立」と「この身という考え方の滅尽」という視点から説いている経典がある（『相応部経典』「蘊相応・道」、〔存在の構成要素についての集成・道〕、漢訳『雑阿含経』「其道」）。

「比丘たちよ、わたしは、汝らのために、この身という考え方の成立にいたる道と、この身という考え方の滅尽にいたる道とを説こうと思う。よく聞くがよい。

比丘たちよ、では、この身という考え方の成立にいたる道とはなんであろうか。

比丘たちよ、ここに、いまだ教えを聞かぬ人々があるとするがよい。彼らはいまだ聖者にまみえず、聖者の法を知らず、あるいは、いまだ善き人を見ず、善き人の法を知らず、善き人の法を行ぜず、だから、彼らは、色は我である、われは色を有す、わがうちに色がある、あるいは、色のなかに我があると考える。

また、彼らは、受は我である、われは受を有す、わがうちに受がある、あるいは、受のなかに我があると考える。

また、彼らは、想は我である、われは想を有す、わがうちに想がある、あるいは、想のなかに我があると考える。

また、彼らは、行は我である、われは行を有す、わがうちに行がある、あるいは、行のなかに我があると考える。

また、彼らは、識は我である、われは識を有す、わがうちに識がある、あるいは、識のなかに我があると考える。

比丘たちよ、これを呼んで、〈この身という考え方の成立にいたる道だ〉というのである。だからして、比丘たちよ、そのいう意味は、これこそ〈苦の生起にいたる考え方だ〉ということである。

では、比丘たちよ、この身という考え方の滅尽にいたる道とはなんであろうか。

比丘たちよ、ここに、わたしの教えを聞いた聖なる弟子たちがあるとするがよい。彼らはすでに聖者にまみえ、聖者の法を知り、聖者の法を行じた。あるいは、すでに善き人にまみえ、善き人の法を知り、善き人の法を行じた。だから、彼らは、もはや、色は我である、われは色を有す、わがうちに色がある、あるいは、色のなかに我があると考えない。

また、彼らは、もはや、受は我である、われは受を有す、わがうちに受がある、あるいは、受のなかに我があると考えない。

また、彼らは、もはや、想は我である、われは想を有す、わがうちに想がある、あるいは、想のなかに我があると考えない。

また、彼らは、もはや、行は我である、われは行を有す、わがうちに行がある、あるいは、行のなかに我があると考えない。

また、彼らは、もはや、識は我である、われは識を有す、わがうちに識がある、あるいは、識のなかに我があると考えない。

比丘たちよ、これを呼んで、〈この身という考え方の滅尽にいたる道だ、この身という考え方の滅尽にいたる道だ〉というのである。だからして、比丘たちよ、そのいう意味は、これこそ〈苦の滅尽にいたる考え方だ〉ということである。」

要するに、無我とは、五蘊（色、受、想、行、識）は我である、われは五蘊を有す、わがうちに五蘊がある、あるいは、五蘊のなかに我があると考えないことであり、これが、この身という考え方の滅尽にいたる道であるわけである。この前提として、既述のように、五蘊は無常である、無常であるから苦である、苦であるから無我である、無我であるから、これはわが所有にあらず、我にあらず、またわが本体でもない、という考え方がある。「この身という考え方の滅尽」は、すなわち輪廻の観念＝迷妄の滅尽である。

ここの最後に、色、受、想、行、識の五蘊は実体がなく、よって当然、輪廻も実体のない迷妄の観念であることをずばりと説いている経典をみてみる（『相応部経典』「蘊相応・泡沫」、〈存在の構成要素についての集成・泡〉、漢訳『雑阿含経』「泡沫」）。こうである。

色、受、想、行、識は、「それが過去のものであれ、未来のものであれ、現在のものであれ、あるいは、内外、精粗、勝劣、遠近の別をとわず、比丘はそれを見、それを根源から観察し、その性質を透見する」ならば、色、受、想、行、識のそれぞれが「見掛けだけのもので、実体もなく、本質もない」、「実もなく質もない」ものであり、「色は聚沫のごとくなり」、「受は水泡のごとくなり」、「想は陽炎のごとくなり」、「行は芭蕉のごとくなり」、「識は幻術のごときなり」であることを知る。色、受、想、行、識が実体のないことを知れば、当然、輪廻も実体のない迷妄の観念であることを知るのである。「比丘たちよ、わたしの教えを聞いた聖なる弟子たちは、そのように見て、色において厭い離れ、受において厭い離れ、想において厭い離れ、行において厭い離れ、また識において厭い離れる。厭い離れて貪りを離れ、貪りを離れて解脱する。解脱すれば、すでに解脱したとの智が生じて、〈わが迷いの生涯はすでに尽きた、清浄の行はすでに成った。作すべきことはすでに弁じた。このうえは、もはやかかる生涯を繰り返すことはない〉と知るにいたるのである。」

(2) 縁起の理法からして輪廻は迷妄か

次に、縁起の理法からして、輪廻が迷妄であるのか否かを検討する。

縁起の理法を説いている代表的な経典をいくつかみてみる。

ある経典はこう記している(『相応部経典』「因縁相応・大釈迦牟尼瞿曇」、〈因縁についての集成・シキ仏〉、漢訳『雑阿含経』「仏縛」)。

釈尊は、もろもろの比丘たちに説いた。

「比丘たちよ、わたしはまだ正覚を成就しなかった菩薩であったころ、心ひたすらにかように考えた。

〈まことにこの世間は苦のなかにある。生れ、老い、衰え、死し、また生れ、それでもなお、この苦を出離することを知らず、この老死を出離することを知らない。いったい、いつになったら、この苦の出離を知り、この老死を出離することを知ることができるであろうか〉

比丘たちよ、その時、わたしはかように考えたのである。

〈なにがあるゆえに、老死があるのであろうか。なにに縁って老死があるのであろうか〉と。比丘たちよ、その時、わたしは、正しい思惟と智慧とをもって、かように解することをえた。〈生があるがゆえに、老死があるのである。生に縁って老死があるのである〉と。

比丘たちよ、その時、わたしはまたかように考えたのである。〈なにがあるがゆえに、生があるのであろうか。なにに縁って生があるのであろうか〉と。

比丘たちよ、その時、わたしはまた、正しい思惟と智慧とをもって、かように解することをえた。〈有《う》（生存）があるがゆえに、生があるのである。有に縁って生があるのである〉と。

比丘たちよ、その時、わたしはまた、正しい思惟と智慧とをもって、かように解することをえた。〈取（取著）があるがゆえに、有があるのである。取に縁って有があるのである〉と。

比丘たちよ、その時、わたしはまた、正しい思惟と智慧とをもって、かように解することをえた。〈愛（渇愛）があるがゆえに、取があるのである。愛に縁って取があるのである〉と。

比丘たちよ、その時、わたしはまた、正しい思惟と智慧とをもって、かように解することをえた。〈受（感覚）があるがゆえに、愛があるのである。受に縁って愛があるのである〉と。

比丘たちよ、その時、わたしはまた、正しい思惟と智慧とをもって、かように解することをえた。〈触

〈接触〉があるがゆえに、受があるのである。触に縁って受があるのである〉と。

比丘たちよ、その時、わたしはまた、正しい思惟と智慧とをもって、かように解することをえた。〈六処（六つの認識の場）があるがゆえに、触があるのである。六処に縁って触があるのである〉と。

比丘たちよ、その時、わたしはまた、正しい思惟と智慧とをもって、かように解することをえた。〈名色があるがゆえに、六処があるのである。名色に縁って六処があるのである〉と。

比丘たちよ、その時、わたしはまた、正しい思惟と智慧とをもって、かように解することをえた。〈識があるがゆえに、名色があるのである。識に縁って名色があるのである〉と。

比丘たちよ、その時、わたしはまた、正しい思惟と智慧とをもって、かように解することをえた。〈行があるがゆえに、識があるのである。行に縁って識があるのである〉と。

比丘たちよ、その時、わたしはまた、正しい思惟と智慧とをもって、かように解することをえた。〈無明があるがゆえに、行があるのである。無明によって行があるのである〉と。

そのようにして、比丘たちよ、この無明によって行がある。行によって識がある。識によって名色がある。名色によって六処がある。六処によって触がある。触によって受がある。受によって愛がある。愛によって取がある。取によって有がある。有によって生がある。また生によって老死があり、愁・悲・苦・憂・悩が生ずるのである。これがすべての苦の集積のよりて成るところである。

比丘たちよ、〈これが縁りてなるところである。これが縁りてなるところである〉と、まだ聞いたこともない真理に、眼をひらき、智を生じ、慧を生じ、悟りを生じ、光明を生ずることをえた。」

「比丘たちよ、その時、わたしは、かように考えたのである。〈なにがなければ、老死がないのであろうか。なにを滅すれば、老死が滅するのであろうか〉と。比丘たちよ、その時、わたしはまた、正しい思惟と智慧とをもって、かように解することをえた。〈生がなければ、老死はないのである。生を滅することによって、老死を滅することをうるのである〉と。

比丘たちよ、その時、わたしはまた、かように考えたのである。〈なにがなければ、生がないであろうか。なにを滅すれば、生を滅することをうるであろうか〉と。比丘たちよ、その時、わたしはまた、正しい思惟と智慧とをもって、かように解することをえた。〈有がなければ、生はないのである。有を滅することによって、生を滅することをうるのである〉と。

比丘たちよ、そのようにして、無明の滅によって行の滅がある。行の滅によって識の滅がある。識の滅によって名色の滅がある。名色の滅によって六処の滅がある。六処の滅によって触の滅がある。触の滅によって受の滅がある。受の滅によって愛の滅がある。愛の滅によって取の滅がある。取の滅によって有の滅がある。有の滅によって生の滅がある。生の滅することによって、老死の滅があり、愁・悲・苦・憂・悩が滅するのである。これがすべての苦の集積の滅する所以である。

比丘たちよ、〈これで滅することができるのだ。これで滅することができるのだ〉と、いまだかつて聞いたこともない真理に、わたしは眼をひらき、智を生じ、慧を生じ、悟りを生じ、光明を生ずることをえた。」

この経典は、「これが有れば、かれが有る。これが無ければ、かれが無い」、「これが滅すれば、かれが滅する」という縁起の理法の内容を示している。

このうち、「これが有れば、かれが有る」は、縁起の理法のいわゆる「順観」といわれるものであり、生起の筋道である。具体的には、「無明によって行がある。行によって識がある。識によって名色がある。名色によって六処がある。六処によって触がある。触によって受がある。受によって愛がある。愛によって取がある。取によって有がある。有によって生がある。また生によって老死があり、愁・悲・苦・憂・悩が生ずるのである。」

「これが無ければ、かれが無い」、「これが滅すれば、かれが滅する」は、縁起の理法のいわゆる「逆観」といわれるものであり、滅尽の筋道である。具体的には、「無明の滅によって行の滅がある。行の滅によって識の滅がある。識の滅によって名色の滅がある。名色の滅によって六処の滅がある。六処の滅によって触の滅がある。触の滅によって受の滅がある。受の滅によって愛の滅がある。愛の滅によって取の滅がある。取の滅によって有の滅がある。有の滅によって生の滅がある。生の滅することによって、老死の滅があり、愁・悲・苦・憂・悩が滅するのである。」

何か特別な仕掛けがあるわけではない。「正しい思惟と智慧とをもって」、縁起の理法の順観と逆観の筋道を「解することをえた」のである。そうして、「苦」を滅したのである。釈尊においては、苦の滅は、もはや迷いの生を繰り返さないこと、すなわち輪廻しないことを意味していた。輪廻からの解脱は知的営為である。

別の経典をみてみよう（『相応部経典』「因縁相応・縁」、〔因縁についての集成・縁〕）。

「比丘たちよ、無明によりて行がある。行によりて識がある。識によりて名色がある。名色によりて六処がある。六処によりて触がある。触によりて受がある。受によりて愛がある。愛によりて取がある。取によりて有がある。有によりて生がある。生によりて老死があり、愁・悲・苦・憂・悩がある。かくのごときがこのすべての苦の集積のよりてなるところである。

では、比丘たちよ、老死とはなんであろうか。生きとし生けるものが、老い衰え、朽ち破れ、髪しろく、皺を生じて、齢かたぶき、諸根のやつれたる、これを老というのである。また、生きとし生けるものが、命おわり、息絶え、身躯やぶれて、死して遺骸となり、打ち棄てられる。これを死というのである。この老いと死とを、比丘たちよ、老死というのである。

生を原因とすることによって、老死は起るのであり、生の滅することによって、老死は滅するのである。そして、この聖なる八支の正道だけが、老死の滅にいたる道なのである。すなわち、正見・正思・正語・正業・正命・正精進・正念・正定がそれである。

また、比丘たちよ、生(出生)とはなんであろうか。生きとし生けるものが、生れて、身体の各部あらわれ、手足そのところをえたる、比丘たちよ、これを生というのである。

また、比丘たちよ、有(存在)とはなんであろうか。比丘たちよ、それには三つの存在がある。欲界すなわち欲望の世界における存在と、色界すなわち物質の世界における存在と、無色界すなわち抽象の世界における存在である。比丘たちよ、これを有というのである。

また、比丘たちよ、取(取著)とはなんであろうか。比丘たちよ、それには四つの取著がある。欲にたいする取著、見(所見)にたいする取著、戒(戒禁)にたいする取著、我にたいする取著がそれである。比丘たちよ、これを取というのである。

比丘たちよ、また、愛（渇愛）とはなんであろうか。比丘たちよ、それには六つの渇愛がある。物にたいする渇愛、声に対する渇愛、香にたいする渇愛、味にたいする渇愛、感触にたいする渇愛、法にたいする渇愛がそれである。比丘たちよ、それを愛というのである。

比丘たちよ、また、受（感覚）とはなんであろうか。それには六つの感覚がある。眼の接触によりて生ずる感覚、耳の接触によりて生ずる感覚、鼻の接触によりて生ずる感覚、舌の接触によりて生ずる感覚、身体の接触によりて生ずる感覚、ならびに、意の接触によりて生ずる感覚がそれである。比丘たちよ、これを受というのである。

比丘たちよ、また、触（接触）とはなんであろうか。比丘たちよ、それには六つの接触がある。すなわち、眼による接触、耳による接触、鼻による接触、舌による接触、身体による接触、意による接触がそれである。比丘たちよ、これを触というのである。

比丘たちよ、また、六処とはなんであろうか。眼の認識と、耳の認識と、鼻の認識と、舌の認識と、身の認識と、意の認識とである。比丘たちよ、これを六処というのである。

比丘たちよ、また、名色とはなんであろうか。受（感覚）と想（表象）と思（思惟）と触（接触）と作意（意志）と、これを名というのである。また、四大種（地・水・火・風）およびそれによって成れるもの、これを色というのである。つまり、そのような名とそのような色とを、名色というのである。

比丘たちよ、また、識（識別する作用）とはなんであろうか。比丘たちよ、それには六つの識がある。すなわち、眼識と耳識と鼻識と舌識と身識と意識とがそれである。比丘たちよ、これを識というのである。

比丘たちよ、また、行（意志のうごき）とはなんであろうか。比丘たちよ、それには三つの行がある。すなわち、身における行と、口における行と、心における行とがそれである。比丘たちよ、これを行というのである。

比丘たちよ、無明を原因として行の生起があり、また、無明を滅することにより行の滅がある。そして、この聖なる八支の正道だけが、行の滅にいたる道なのである。すなわち、正見・正思・正語・正業・正命・正精進・正念・正定がそれである。

比丘たちよ、聖なる弟子たるものは、かくのごとく縁を知り、かくのごとく縁によって起ることを知り、かくのごとく縁の滅することを知り、また、縁の滅にいたる道を知る。比丘たちよ、これを、聖なる弟子は、正しい見解に達したといい、正しい明察を得たといい、学習の智慧を具えたといい、あるいは、法の流れに入ったといい、この世の不幸を洞察する聖なる智慧を得たといい、不死の扉を打ちて立つというのである。」

つまるところ、縁起の理法を知るとは、縁を知り、縁によって起ることを知り（無明→行→識→名色→六処→触→受→愛→取→有→生→老死・愁・悲・苦・憂・悩）、縁の滅することを知り（無明の滅→行の滅→識の滅→名色の滅→六処の滅→触の滅→受の滅→愛の滅→取の滅→有の滅→生の滅→老死・愁・悲・苦・憂・悩の滅）、縁の滅にいたる道を知る（正見・正思・正語・正業・正命・正精進・正念・正定の八聖道）ことによって、正しい見解に達し、正しい明察を得、学習の智慧を具え、法の流れに入り、この世の不幸を洞察する聖なる智慧を得たことで、不死の扉すなわち解脱・涅槃の境地に達することである。

不死（amata）は、ここでは、死なないことでなく解脱・涅槃を意味する。もはや迷いの生を繰り返さないことである。これは、すべて知的営為である。

さらに別の経典をみてみる（『相応部経典』「因縁相応・愚と賢」、〔因縁についての集成・愚者と賢者〕、漢訳『雑阿含経』「愚痴黠慧《かつえ》」）。

「比丘たちよ、愚かなる者にあっても、無明におおわれ、渇愛に縛せられるかぎり、この身は生ずる。だが、愚かなる者にあっては、いつまで経っても、無明を断じ、渇愛のつきる時はやってこない。なぜであるか。比丘たちよ、それは愚かなる者は聖なる修行を行ぜず、まさしく苦を滅することをなさないからである。だから、愚かなる者は、身壊れ、命終っても、またその身を生ずる。その身生ずるがゆえに、彼は生・老死・愁・悲・苦・憂・悩を解脱することができない。わたしは、それを、苦より解脱しないというのである。

比丘たちよ、また賢き者にあっても、無明におおわれ、渇愛に縛せられるかぎり、この身は生ずる。だが、賢き者にとっては、その無明をはらい、渇愛をなくする時があるのである。なぜであろうか。比丘たちよ、それは、賢い者は、聖なる修行を行じ、まさしく苦を滅することをなすからである。だから、賢い者は、身壊れ、命終ってのち、またその身を生ずることがない。その身を生じないがゆえに、彼は生・老死・愁・悲・苦・憂・悩を解脱することができる。わたしは、それを、苦より解脱するというのである。」

この経典は、無明すなわち無智におおわれ、渇愛すなわち欲望に縛せられるかぎり、身壊れ、命終っても、またその身を生じ、その身生ずるがゆえに、彼は生・老死・愁・悲・苦・憂・悩すなわち苦より解脱することができないが、聖なる修行すなわち五蘊と縁起の理法を知り、八正道を実践することによって無明をはらい、渇愛をなくし、身壊れ、命終ってのち、またその身を生ずることがなく、その身を生じないがゆえに、彼は生・老死・愁・悲・苦・憂・悩すなわち苦より解脱することができる、と説いている。つまるところ、輪廻するかしないかは、無智をはらい、渇愛をなくするかどうかであり、無智をはらい、渇愛をなくするためには、五蘊と縁起の理法を知り、八正道を実践しなければならないということである。これは、知的営為である。

以上みてきた経典においては、いずれも縁起の理法を知るなどの知的営為でもって輪廻から解脱することが説かれている。繰り返しになるが、知的営為でもって輪廻から解脱するということは、輪廻という「実体」から解脱するのではなく、輪廻という「観念」から解脱することを意味している。輪廻についての釈尊の教説は、輪廻の「実体」に係るもの（「実体」論）でなく、輪廻の「認識」に係るもの（「認識」論）であった。輪廻は観念の世界のものであるから、知的営為すなわち認識でもって解脱が可能となるのである。そして、輪廻は知的営為によって解脱され得る苦という否定的観念であるがゆえに、輪廻は迷妄であるわけである。釈尊が強調しているように、輪廻からの解脱は、「迷いの生を繰り返さない」ことを意味していた。

釈尊が縁起の理法を説いたのは、「迷妄の大洪水」から人々を解脱させて、「二度と生まれ変わることがない」ようにするため、とも言えるものであった。『スッタニパータ』において、釈尊はこう説いている（講談社版訳）。
729「人々がこの世からあの世へと、繰り返し繰り返し、生まれ変わり死に変わりして輪廻して行くのは、ほかならぬ無智の結果である。」
730「なぜなら、この無智とは、迷妄の大洪水であり、このためにこの世の人々は永劫の過去以来、輪廻・流転しつづけてきたのである。しかし、明智を備えたならば、人々は二度と生まれ変わることがない。」

結語——欲望と迷妄の社会における反時代的思想

人間の欲望は、悟りを証得した釈尊が世間の人々への説法に乗り出すのを躊躇させるほど強烈なものであった。このことを示す経典がある。「梵天勧請」として知られるものである（『相応部経典』「梵天相応・勧請」、〈梵天に関する集成・勧請〉、漢訳『増一阿含経』「勧請品」）。この経典は、釈尊がはじめて正覚（さとり）を得たあとで、釈尊がこころの内部において説法の躊躇から説法の決意へと動くさまを描いている。

「わたしが証《さと》りえたこの法は、はなはだ深くして、見がたく、悟りがたい。寂静微妙にして思惟の領域をこえ、すぐれたる智者のみのよく覚知しうるところである。しかるに、この世間の人々は、ただ欲望をたのしみ、欲望をよろこび、欲望に躍るばかりである。欲望をたのしみ、欲望をよろこび、欲望に躍る人々には、この理はとうてい見がたい。この理とは、すべては相依性にして、縁ありて起るということであり、また、それに反して、すべての計らいをやめ、すべての所依を捨て去れば、渇愛つき、貪りを離れ、滅しつくして、涅槃にいたるということである。もしわたしがこの法を説いても、人々がわたしのいうことを理解しなかったならば、わたしはただ疲労し困憊するばかりであろう」

こういう思いが起きたそのとき、釈尊に次のような偈が浮んだ。

「苦労してやっと証得したものを

なぜまた人に説かねばならぬか
貪りと怒りとに焼かれる人々には
この法を悟ることは容易ではない。
これは世のつねの流れにさからい
甚深、微妙、精細にして知りがたく
欲望の激情にまみれたるもの
暗闇に覆われしものには悟りがたい」

このような偈が浮んだ釈尊のこころは、説法の躊躇のほうへ傾いて、法を説くほうへは傾かなかった。そのとき、娑婆世界の主たる梵天があらわれて、こう考えた（中村は、この一段は「後世の付加」とする。『ゴータマ・ブッダI』第1編第4章、中村元選集〔決定版〕第11巻、春秋社、1992年）。「ああ、これでは世間は滅びるであろう。これでは世間は滅びるであろう。世尊・応供・正等覚者の心は、躊躇に傾いて、法を説くことに傾いていない」と。そこで梵天は世尊（釈尊）に語りかけた。「世尊よ、法を説きたまえ。善逝よ、法を説きたまえ。この世には眼を塵に覆わるることすくなき人々もある。彼らも法を聞くことをえなければ堕ちてゆくであろう。この世には、法を理解するものもあるであろう」

この梵天の勧請を知った世尊は、生きとし生けるものへの哀憐によって、仏眼をもって世間を眺めた。そこには、人々の眼の曇りおおきものもあり、曇りすくなきものもあった。利根のものもあり、鈍根のものもあった。善き相のものもあり、悪しき相のものもあった。あるいは教えやすいものもあり、教えがたいものもあった。またそのなかには、来世の罪のおそろしさを知って生きている人々もあった。そのような世間のありようを見おわって、世尊は、偈でもって娑婆世界の主たる梵天に答えていった。

「彼らに甘露の門はひらかれたり
耳あるものは聞け、ふるき信を去れ
梵天よ、われは思い惑うことありて
人々に微妙の法を説かざりき」

説法を躊躇した理由について、釈尊は、「わたしが証りえたこの法は、はなはだ深くして、見がたく、悟りがたい。寂静微妙にして思惟の領域をこえ、すぐれたる智者のみのよく覚知しうるところである。しかるに、この世間の人々は、ただ欲望をたのしみ、欲望をよろこび、欲望に躍るばかりである。欲望をたのしみ、欲望をよろこび、欲望に躍る人々には、この理はとうてい見がたい」と述べている。この言葉のうち、特に前半の「わたしが証りえたこの法は、はなはだ深くして、見がたく、悟りがたい。寂静微妙にして思惟の領域をこえ、すぐれたる智者のみのよく覚知しうるところである」、すなわち釈尊の教えの内容の深さ、高度さに重点を置いて解釈している向きが少なくない。しかし、その後の釈尊の生涯の重要な教説の多くが、輪廻の観念からの解脱と並んで、欲望からの解脱についてのものであることから判断すると、釈尊が説法を躊躇した主たる理由は、後半の「この世間の人々は、ただ欲望をたのしみ、欲望をよろこび、欲望に躍るばかりである。欲望をたのしみ、欲望をよろこび、欲望に躍る人々には、この理はとうてい見がたい」ということであったと解すべきであろう。人間の欲望（への執着）の強烈さと根深さに、釈尊は、しばらく「思い惑う」たのである。そもそも、釈尊の教説は難しいものではない。その教理を難解、複雑にしたのは、後世の学僧たちである。先の「わたしが証りえたこの法は、はなはだ深くして、見がたく、悟りがたい。寂静微妙にして思惟の領域をこえ、すぐれたる智者のみのよく覚知しうるところである」という言葉も、後世に付加されたものと考えられる（中村元・前出『ゴータマ・ブッダI』第1編第5章も参照）。

釈尊が吐露した「この世間の人々は、ただ欲望をたのしみ、欲望をよろこび、欲望に躍るばかりである」は、当時のインド社会の現実を表わすものであった。そうして、釈尊はもう一度、正覚の眼でもって世間を眺めた。そこには、「人々の眼の曇りおおきもののもあり、曇りすくなきもののもあった。利根のもののもあり、鈍根のもののもあった。善き相のもののもあり、悪しき相のもののもあった。あるいは教えやすいもののもあり、教えがたいもののもあった」。こう観察したあと、釈尊は欲望からの解脱を説く行脚に出立した。釈尊の思想は、欲望が支配する社会における反時代的思想であったがゆえに、その行脚はきわめて苦しい道であった。

釈尊は欲望からの解脱を説いただけではない。釈尊は、その時代のインド社会に深く浸潤していた輪廻という迷妄からの解脱をも説いた。そして、すでに論じておいたように、釈尊においては、輪廻という迷妄からの解脱は欲望（煩悩）からの解脱と密接不可分であった。このことを明示している経典をもう一度みてみよう（『中部経典』〔マハーサッチャカ経〕）。

釈尊は、ジャイナ教の徒のサッチャカ（アッギヴェッサナ）にこう説いた。
「およそだれでも、アッギヴェッサナよ、苦痛をともない、未来の再生をもたらし、恐ろしい苦をもたらし、将来に生・老・死をもたらすもろもろの煩悩が捨てられていないならば、かれを、わたしは迷妄のある者といいます。アッギヴェッサナよ、なぜなら、もろもろの煩悩が捨てられていないがために、迷妄があるからです。

およそだれでも、アッギヴェッサナよ、苦痛をともない、未来の再生をもたらし、恐ろしい苦をもたらし、将来に生・老・死をもたらすもろもろの煩悩が捨てられているならば、かれを、わたしは迷妄なき者といいます。アッギヴェッサナよ、なぜなら、もろもろの煩悩が捨てられているために、迷妄がないからです。

いいですか、アッギヴェッサナよ、如来においては、苦痛をともない、未来の再生をもたらし、恐ろしい苦をもたらし、将来に生・老・死をもたらすもろもろの煩悩は、捨てられ、根こそぎにされ、根が抜かれたターラの樹のように、なきものにされ、将来に再生しません。

たとえば、アッギヴェッサナよ、あたまを切られたターラの樹はふたたび成育できないように、ちょうどそのように、アッギヴェッサナよ、如来（注：釈尊を指す）においては、苦痛をともない、未来の再生をもたらし、恐ろしい苦をもたらし、将来に生・老・死をもたらすもろもろの煩悩は、捨てられ、根こそぎにされ、根が抜かれたターラの樹のように、なきものにされ、将来に再生しません。」

ここで釈尊は、「もろもろの煩悩が捨てられていないがために、迷妄がある」、「苦痛をともない、未来の再生をもたらし、恐ろしい苦をもたらし、将来に生・老・死をもたらすもろもろの煩悩が捨てられていないならば、かれを、わたしは迷妄のある者といいます」、「苦痛をともない、未来の再生をもたらし、恐ろしい苦をもたらし、将来に生・老・死をもたらすもろもろの煩悩が捨てられているならば、かれを、わたしは迷妄なき者といいます」と語っている。釈尊は、インド社会に深く浸潤していた、欲望（煩悩）と一体的な輪廻という迷妄からの解脱を説いているのである。釈尊の思想は、輪廻という迷妄が支配する社会における反時代的思想でもあった。

釈尊は、35歳で正覚を得て以来、80歳まで、人々に対して欲望と迷妄からの解脱を一貫して説いた。そうして、没する直前の最後の旅において、釈尊はこう語った。「アーナンダよ。わたしはもう老い朽ち、齢をかさね老衰し、人生の旅路を通り過ぎ、老齢に達した。わが齢は八十となった。譬えば古ぼけた車が革紐の助けによってやっと動いて行くように、恐らくわたしの身体も革紐の助けによってもっているのだ」（『長部経典』〔大般涅槃経〕）。まもなく、「革紐の助け」は必要なくなった。欲望と迷妄からの解脱を説く釈尊の鮮烈な教説の実践は、同時代と後代の、解脱を希求する人々に受け継がれることになった。

〔補論〕木村泰賢の「輪廻」論及びそれに対する和辻哲郎の批判

一 「仏陀にしたがえば」

仏教学者の木村泰賢（当時、東大教授）は、「輪廻」を実体として認めている（『原始仏教思想』第2篇第4章「業《カルマ》と輪廻」、木村泰賢全集第3巻、大法輪閣、1968年、初出は、丙午出版社、1922年）。木村の論説は大正時代のものであるが、実体としての「輪廻」の論はいまだ仏教界（及び一部の仏教学者）に浸潤しているので、ここで木村の論説を代表的素材として、実体としての「輪廻」の論の問題を考察することにする。

まず、木村の論説で特徴的なのは、「仏陀にしたがえば」と記したあとに、自論を展開していることである。たとえばこうである。

「仏陀にしたがえば、吾らの生活は決して一期の存在でなく、業の力によって無始無終に相続するものである。しかもその業の性質に応じて、種々の境遇および種々の相状の有情として生を受けるに至る。これすなわち業による輪廻（saṃsāra 流転）と名づける」。「仏陀にしたがえば、この死とともに、吾らの生命は絶滅し去るものではない。いかにも意識的の活動はその五根の破壊に伴って休止するけれども、生きようとする根本意志すなわち無明は、生時の経験すなわち業をその性格として刻みつけて継続する」。「かかる当体の生命はいかにして、自らを再び実現化するかというに、……仏陀にしたがえば、実現化の仕方に、胎生、卵生、湿生、化生の四通りあるけれども、今暫く、これを胎生による実現化について述べるならば――先ず男女ありて和合する。これすなわちその現実化の第一歩である」。「仏陀にしたがえば、生命の本質は知識ではなく、意志であるから、知識に伴う記憶が更生と共に滅すべきものである」。「仏陀にしたがえば、聖者の位に達すれば、前生はもちろん、後生のことも解るということで、仏陀自身もしばしば人の前生を語ると同時に死後の運命を告げたところである」。「仏陀にしたがえば、有情の組織なるものは業を離れては遂に存在し得ぬものである」。「仏陀にしたがえば、吾らの生命は無限の過去より種々の経験を積み来たり、その経験に応じた性格によって自己を経営し、その経営の仕方はやがてまた新しい経験として、その性格を変化し、かくして無限に相続するのがいわゆる輪廻である」。「仏陀にしたがえば、生命は刻々に変化するもの、しかしてその輪廻的相続はただ無意識的性格によるとするならば、前生と後生との間における人格的関係はいかに。換言すればそれを同一とすべきか、異なれりとすべきか。けだし有我論によれば、凡ては変化してもその我体が同一常住なりという点で、少なくとも論理的には、前後生の間に自己の同一が成立するけれども、仏陀のごとく、その中心自身を変化的に見る限り、この難は必然に起こって来ねばならぬからである。……仏陀にしたがえば、生命の持続相は、その前後の関係において同ともいわれず、異ともいわれず、むしろ同異の中道にある」。「仏陀にしたがえば、世に無限の衆生があって、しかも一として同じでないのは皆その業の異なるがためである」。

木村のこれらの論に対して、哲学者・日本思想史家の和辻哲郎は、「我々はかくのごとき輪廻説ならざる輪廻説を理解し得ぬ。が、かかる解釈の不可解よりもさらに重大なことは、右の解釈において『ブッダに従えば』ということき言葉が繰り返されているにかかわらず、阿含の経典自身のうちにその証拠を見いだし難いことである」と批判する（『原始仏教の実践哲学・仏教哲学の最初の展開』「原始仏教の実践哲学」第3章、和辻哲郎全集第5巻、岩波書店、1962年。このうち、「原始仏教の実践哲学」の初出は1927年）。なお、和辻の論に対する、主に実体的輪廻を肯定する者たちからの「批判」と称する論がいくつかあるが、ほとんどは些末で揚げ足取り的なものであり、和辻ほど深い洞察力に富んだものはない。ただし、このことは、和辻の論に問題点がないことを意味しない。

木村は、自論を展開するのに、経典を援用している（『長部経典』〔弊宿経〕と『中部経典』〔嗏帝経〕）。しかし、その援用の経典は、和辻が区分する「純粋に無我五蘊縁起等を説く経」と「神話的著色の多い作品」「神話的文学的な作品」のうち、「純粋に無我五蘊縁起等を説く経」ではなく、ほとんどが「神話的著色の多い作品」「神話的文学的な作品」である。かつ、木村が援用している経典の内容そのものは、決して木村の論説を支えるものとはなっていない。

木村は、『長部経典』〔弊宿経〕を援用しつつ、こう論じる。「吾らは、この世において、一定の身分を獲得したとする。生命の必然性として、生まれ落ちるより死に至るまで、種々に活動して止むことがない。これすなわち生活または寿《いのち》である。その外的特徴は、肉体的にいえば、煖《だん》気あり、出入息あり、心理的にいえば識あることである。故にこれを一口に寿煖識あることがすなわち寿命あることであるという。

かくして一定の時期来たるや、この寿煖識が最早協調を持つことが出来ぬようになって、身体を去るのが死すなわち寿尽である。ここにすなわち四大より成る肉体の解体を見るに至る。その何故に一定期が来れば必ず死せねばならぬかに関しては、特に詳しい説明がないけれども、要するに昧《くら》ますことの出来ない事実として、大体からいえば、やはり業の作用として自ら然らしめるものというべきであろう。

……

しかしながら、仏陀にしたがえば、この死とともに、吾らの生命は絶滅し去るものではない。いかにも意識的の活動はその五根の破壊に伴って休止するけれども、生きようとする根本意志すなわち無明は、生時の経験すなわち業をその性格として刻みつけて継続する」。

木村が援用している『長部経典』〔弊宿経〕の内容をみてみよう。

この経は、「来世は存在しない。生れかわる生存者は存在しない。善悪の行為によってその報いを受けることはない」という見解をもつバーヤーシ王と、その見解に対して、「来世は存在し、生れかわる生存者は存在し、善悪の行為によってその報いを受ける」と反論する比丘クマーラ・カッサバの対話を記している。木村の寿煖識の論は、カッサバの譬話のうちの「真っ赤に焼けた鉄の玉のたとえ」と関係するのであろうが、この譬話も木村の論と照応するものではない。何よりも問題なのは、「来世は存在し、生れかわる生存者は存在し、善悪の行為によってその報いを受ける」と主張しているのは、比丘のカッサバであって、釈尊自身ではないということである。「仏陀にしたがえば」ということにはならない。「カッサバにしたがえば」であろう。また、既述のように、これと同じ趣旨の対話は、輪廻を実体として認めているジャイナ教の聖典でも伝えられている。〔弊宿経〕の作者は、ジャイナ教の聖典から持ち込んでか、あるいはジャイナ教との共通の材料に基づいてかして作成したものと考えられる。〔弊宿経〕は釈尊の教説と全く関係がない。

次に、これまた木村が援用している『中部経典』〔嗏帝経〕を検討する（これは筑摩書房版では訳出されていない）。和辻は、この経典について、「これ明らかに輪廻転生の問題の排除ではないであろうか」と述べているが、和辻自身がこの経典を詳しく分析しているわけではない。

木村は、『中部経典』〔嗏帝経〕を援用しつつ、こう論じている。

「かかる当体の生命はいかにして、自らを再び実現化するかというに、……仏陀にしたがえば、実現化の仕方に、胎生、卵生、湿生、化生の四通りあるけれども、今暫く、これを胎生による実現化について述べるならば――先ず男女ありて和合する。これすなわちその現実化の第一歩である。けだしこの和合は、これを男女の方からすれば、要するに、その本能的欲望を満足せんがための所行であるけれども、これをその子として実現化しようとする生命の方からすれば、その業の創造力が自らを実現するために、相当の男女をして和合せしめたものと解すべきである。かくして托胎の現象が起こる。経にはこれを父母および乾闥婆《ガンダバ》の三事和合して托胎ありというているが、ここに乾闥婆といえるは、すなわち神話的名称に名を藉りて、実現化しようとする生命を意味したもので、余所には明らかにこれを識と名づけている。すなわちこの乾闥婆または識と名づけられた生命が、父母の和合を縁として、自らを胎生としての有情に実現化する門出をする。ここに至って、超空間的生命が、少なくともその身体的方面において、空間的規定を受けることになり、すなわち一定の身分を獲得することになる。かくして、いわゆる胎内の五位を経て、遂に出産して、その身分に応じた現実的活動を営むことになる。これすなわち再生である。

生前より死後の再生に至る経過は、大よそかくのごときものである。したがって死の現象はこれを外見的にいえば絶滅のようであるけれども、生命そのものの当体からすれば、依然として可能性としての五蘊を継続して、その性格に応じて、再び現実化するまでであって、その間に、一度これを解体して再び新たなる五蘊を積むというがごときことはないわけである。つまり更生の五蘊も、前生より引続いた五蘊の変化的継承に外ならぬというべきである」。

胎児を通しての再生については、ヴェーダ（古代インドのアーリア人が創作した宗教的典籍類でバラモン教〔ヒンドゥー教〕の聖典）の一つの『アタルヴァ・ヴェーダ』が、「彼は胎児として諸神の中に徘徊す。過去の彼は顕現して再び出生す。過去の彼は未来にして当来の者なり。父たる彼はその力を伴って子の中に入れり」と記し、ブラーフマナ（祭儀書）文献の『タイッティリーヤ・ブラーフマナ』は、「父は生を繰返しつつ、子によって父を得」と記し、『アイタレーヤ・ブラーフマナ』は、「夫は胎児となりて妻の中に入る。彼は母（＝妻）に入り、その内に更新し、第十箇月に再び生る」と記している。

〔嗏帝経〕において、「わたしは世尊によって説かれた法をこのように理解します。すなわち、この識（意識）だけは流転し、輪廻するが別のものにならず不変である」と周囲に語っていた比丘サーティを、釈尊は、「愚かものよ、そんなことを、わたしがいったいだれに説いたというのか。愚かものよ、わたしは種々なる法門によって、縁によって生ずる識を説いたのではなかったのか」と厳しく叱責している。そうして、釈尊は、縁起の理法を順観と逆観でもって説いていた。

この経典における、サーティの「わたしは世尊によって説かれた法をこのように理解します。すなわち、この識だけは流転し、輪廻するが別のものにならず不変である」という見解は、釈尊の縁起の理法に対するサーティの理解能力の全くの欠如を表わしているが、しかし、識は、「我」や「霊魂」の観念と無関係ではなく、「識だけは流転し、輪廻するが別のものにならず不変である」とするのは、古代インドでは奇異な認識ではない。むしろ、縁起の理法によって輪廻の観念を否定するほうが、古代インドにおいて斬新な教説であった（ただし、縁起論に類似のものは、それまでインド思想界に存在していた）。いずれにしても、上の経典は、釈尊の思想からして、輪廻の観念は縁起の理法と全く相容れないものであることを明示していたのである。

木村はこの経典から、「乾闥婆または識と名づけられた生命が、父母の和合を縁として、自らを胎生としての有情に実現化する門出をする」という解釈を引き出しているが、釈尊が「縁によって生ずる識を説いたのではなかったのか」と叱責したのは、比丘サーティが「この識だけは流転し、輪廻するが別のものにならず不変である」という見解に固執していたからであり、識を特に重視していたわけではない。重視したのは、「縁」すなわち縁起の理法である。識は縁起の要素の一つにすぎない。が、木村は、「識も、元来、名色中の一部であるけれども、名色を認識体として取扱う限り、識はその中心たるもので、したがって名色全体の成立はこれに依存す」と言う（前出書の「特に十二縁起論について」）。この認識は、サーティの輪廻論に通じるものがある。部派仏教の傾向を有する経典には（『長部経典』〔大縁方便経〕）、識が母胎に入るという記述があるが、これは、縁起の系列を輪廻転生に対応させたものであると解されている。また、木村の論は、大乗仏教の唯識派の「識の相続」説とも無関係ではないだろう（中村は、「唯識説はヒンドゥー化の時代の中で現われ出たもの」と言う。『大乗仏教の思想』第2編第3章、中村元選集〔決定版〕第21巻、春秋社、1995年）。

「識」（意識）が輪廻することについて、ウパニシャッドの一つの『ブリハッド・アーラヌヤカ・ウパニシャッド』において、すでにヤージニャヴァルキヤが、こう語っていた。「肉体を離れたアートマンは、気息や諸機能をそなえて、意識あるものとなり、まさしく意識をもつもの（次の生をうける母胎）へと下がって行きます。この世における彼の知識と行為（業）、ならびに記憶は、それに背後からつかまっているのです」。

初期の仏典のなかには、「どんな苦しみが生じる場合にも、すべて、識が機縁となっている。識が停止すれば、苦しみは生じない」という叙述があるが（『スッタニパータ』734）、しかし、これと同じ表現は、識についてのみでなく、無明、行、触、受、愛、取、悪行、糧、心の動揺についても用いられていることを看過すべきでない（同書728〜751）。

ところが、ある経典は、「識という食物は、未来の新しい存在・新しい生の条件である。それがあるがゆえに六処があり、また六処があるがゆえに触があるのだ」などと記している（『相応部経典』「因縁相応・パッグナ」、〔因縁についての集成・パッグナ〕）。これは、十二縁起を説いている経のなかのものであるが、「識という食物は、未来の新しい存在・新しい生の条件である」（春秋社版の訳文は、「識という食べ物は未来の再生の、転生のための縁となる」）という文は前後の脈絡なく唐突に出されている。そうして、この経は最後に、「バッグナよ、六処をあますところなく滅することによって触は滅する。触を滅することによって受は滅する。……」などとまとめている。釈尊の縁起の理法からすれば、この「六処をあますところなく滅することによって触は滅する」の前に、「識を滅することによって六処は滅する」が来なければならないが、これが完全に欠落している。識の滅がないのである。これは偶然の欠落でなく、前の「識という食物は、未来の新しい存在・新しい生の条件である」（「識という食べ物は未来の再生の、転生のための縁となる」）と繋げるための意図的な欠落であろう。明らかに釈尊の縁起の理法と対立・衝突している。バラモン教（ヒンドゥー教）の影響を受けた後世の創作にしても、こういう経典も存在していることに注意すべきである。

釈尊が先の〔嗏帝経〕で説いているのは、「無明に縁ってもろもろの行があり、もろもろの行に縁って識があり、識に縁って名色があり、名色に縁って六処があり、六処に縁って触があり、触に縁って受があり、受に縁って愛があり、愛に縁って取があり、取に縁って有があり、有に縁って生があり、生に縁って老・死、愁、悲、苦、憂、悩がある」（いわゆる順観）、「無明の滅尽に縁ってもろもろの行が滅尽し、もろもろの行の滅尽に縁って識が滅尽し、識の滅尽に縁って名色が滅尽し、名色の滅尽に縁って六処が滅尽し、六処の滅尽に縁って触が滅尽し、触の滅尽に縁って受が滅尽し、受の滅尽に縁って愛が滅尽し、愛の滅尽に縁って取が滅尽し、取の滅尽に縁って有が滅尽し、有の滅尽に縁って生が滅尽し、生の滅尽に縁って老・死、愁、悲、苦、憂、悩が滅尽する。このようにして、このすべての苦の集まりの滅尽がある」(いわゆる逆観)という縁起の理法である。これは、木村の主張する「生前より死後の再生に至る経過」すなわち輪廻とは全く関係がない。逆に、そうした輪廻を全面的に否定するものである。この経典では、釈尊の縁起の理法に対するサーティの理解能力の欠如が示されているが、木村の論においても、釈尊の縁起の理法に対する木村の理解能力の欠如が出ている。

また、木村は、「仏陀にしたがえば、実現化の仕方に、胎生、卵生、湿生、化生の四通りあるけれども」と記しているが、この経典では、胎生、卵生、湿生、化生について、いささかも語られていない。それ以上に問題なのは、木村が「乾闥婆」云々を再生と結びづけて論じていることである。「乾闥婆」(パーリ語:gandhabba、サンスクリット語:gandharva)は、バラモン教の聖典に出て来る神の一種であるが、これがここの仏典にも持ち込まれている。

〔嗏帝経〕では、こう説かれていた。

「比丘たちよ、三つの条件がそろってはじめて受胎する。すなわち、ここに、母と父が交わるが、しかし母に月経がなく、またガンダッバ(乾闥婆)が現われないなら、その間は、けっして受胎しない。ここに、母と父が交わり、母に月経があり、しかしガンダッバが現われないなら、その間は、けっして受胎しない。

ところが、比丘たちよ、母と父が交わり、また母に月経があり、そしてガンダッバが現われると、これら三つの条件がそろったときにはじめて受胎する。

比丘たちよ、母親は、九カ月ないし十カ月の間、たいそう心配しつつ重荷であるこの胎児を出産する。生れた赤ちゃんを母親はみずからの血によって養い育てる。なぜなら、比丘たちよ、これが聖者の律における血、すなわち母乳にほかならないからである。

比丘たちよ、その子は成長し、感覚器官を発達させるにつれて、なんでも、子供たちの遊び道具であればそれで遊ぶ。たとえば、鋤で耕す遊び、棒たたき、逆立ち、風車、棕櫚の葉の枡遊び、車や弓の遊びである。

比丘たちよ、その子は成長し、感覚器官を発達させるにつれて、五欲の対象をそなえ身につけて楽しむ。すなわち、眼によって認識される、好ましくて、愛すべき、望ましく、可愛く、欲をともなう、魅力的なもろもろの色かたちあるものである。耳によって認識される、好ましくて、愛すべき、望ましく、可愛く、欲をともなう、魅力的な音である。鼻によって認識される、好ましくて、愛すべき、望ましく、可愛く、欲をともなう、魅力的な香である。舌によって認識される、好ましくて、愛すべき、望ましく、可愛く、欲をともなう、魅力的な味である。身によって認識される、好ましくて、愛すべき、望ましく、可愛く、欲をともなう、魅力的な触れられるものである。

眼で色かたちあるものを見るとき、かれは好ましい色かたちあるものに執着し、いやな色かたちあるものは嫌悪する。また身体に対する思念が現前せず、不善な心で住む。そして、かれのそれらの悪しき不善のことがらが残りなく滅尽する、心解脱、慧解脱を如実に知らない。このようにして、かれは、愛憎にいたり、快感であれ、苦痛であれ、苦痛でも快感でもない感受であれ、感受するものはなんでも、その感受をおおいに喜び、迎え入れて、それに執着する。その感受をおおいに喜び、迎え入れ、執着しているかれに喜びが生じる。これらの感受を喜ぶことがすなわち取である。その取に縁って有がある。有に縁って生がある。生に縁って老・死、愁、悲、苦、憂、悩がある。このようにして、このすべての苦の集まりの生起がある。」

（以下、「耳で音声を聞くとき」、「鼻で香をかぐとき」、「舌で味をあじわうとき」、「身で触れられるものにふれるとき」、「意で思考の対象をかんがえるとき」のそれぞれについて、同じ趣旨が説かれる。これらは、眼、耳、鼻、舌、身、意の六根〔六処、六内処、六入〕と、それらに対応する色、声、香、味、触、法の六境〔六外処〕の十二処〔十二入〕を意味している。これらを縁として生じた眼識、耳識、鼻識、舌識、身識、意識の六識を合わせて十八界という。）

（修行によって、初禅、第二禅、第三禅を成就したあと）

「楽を捨て苦を捨てて、もうすでに喜びと憂いを滅したので、苦もなく楽もなく、心の平静より生じた注意力がもっとも清浄になっている第四禅を成就して住む。

かれは、眼で色かたちあるものを見ても、好ましい色かたちあるものに染められず、いやな色かたちあるものに嫌悪しない。また身体に対する思念が現われ、無量の心で住む。そして、かれは心解脱、慧解脱を如実に知る。それによってかれの悪しき不善のことがらは残りなく滅尽する。かれは、このように愛憎を捨て、快感であれ、苦痛であれ、苦痛でも快感でもない感受であれ、どのような感受を感受しても、その感受を喜ばず、迎え入れず、執着しないでいる。その感受を喜ばず、迎え入れず、執着しないでいるかれの感受に対する喜びは滅尽する。その喜びの滅尽によって取が滅尽する。取の滅尽によって有が滅尽する。有の滅尽によって生が滅尽する。生の滅尽によって老・死、愁、悲、苦、憂、悩が滅尽する。このようにして、このすべての苦しみの集まりの滅尽がある。」

（以下、「耳で音声を聞いても」、「鼻で香をかいでも」、「舌で味をあじわっても」、「身で触れられるものにふれても」、「意で思考の対象をかんがえても」のそれぞれについて、同じ趣旨が説かれる。）

そして最後に、この経典はこう結ぶ。

「比丘たちよ、あなたがたは、わたしによって略説された愛（渇愛）の滅尽による解脱を憶持しなさい。また猟師の子の比丘サーティが大きな愛の網、愛の罠にとらわれてしまっていることも憶持するがよかろう。」

この経典の趣旨は、一方で、子供が生れて成長し、感覚器官を発達させるにつれて、五欲の対象をそなえ身につけて楽しむようになることで、眼、耳、鼻、舌、身、意の六処（六根）において執着と嫌悪が生じるようになり、つまるところ、生に縁って老・死、愁、悲、苦、憂、悩があり、このことは、すべての苦の集まりの生起を意味しているということであり、他方で、楽を捨て苦を捨てて、喜びと憂いを滅することで、眼、耳、鼻、舌、身、意の六処において執着と嫌悪が生じなくなり、つまるところ、生の滅尽に縁って老・死、愁、悲、苦、憂、悩の滅尽があり、このことは、すべての苦の集まりの滅尽を意味しているということである。

この経典は、「乾闥婆」というバラモン教的な神観念を取り込んでいること、胎生学的叙述があること、心解脱・慧解脱の概念を用いていること、初禅・第二禅・第三禅・第四禅を説いていることなどからして、後世の増広が加わっていると考えられるが、それでも、経典の全体的な趣旨は、木村が解釈する、胎児を通しての再生とは全く関係がなく、むしろ逆に、縁起の理法によって再生の否定を説いている教説であるとみることができる。生の滅尽に縁って老・死、愁、悲、苦、憂、悩を滅尽し、すべての苦の集まりを滅尽するのである。

他に、縁起説に関する重要な争点として、縁起の各要素の関係について、それらを論理的関係とみる説（宇井伯壽、和辻哲郎）と時間的継起（異時的継起）関係とみる説（木村泰賢）の対立がある（宇井は「相関的相依的関係」と表現しているが、「原意」は「論理的の関係」であると、論文の最後に付記している、前出『印度哲学研究』第二「十二因縁の解釈――縁起説の意義」）。時間的継起関係説が必然的に輪廻論につながるわけではないが、ただ、木村の輪廻論が成り立つためには、縁起を時間的継起と解するしかない。そうでなければ、三世（過去世、現在世、未来世）の輪廻はあり得ない。

十二縁起説を三世両重因果説（輪廻論）と結合させたのは、後世の部派仏教の説一切有部であるが、説一切有部は、十二支縁起のなかの無明と行を過去世に配し、識・名色・六処・触・受・愛・取・有を現在世に配し、生と老死を未来世に配している。（宇井は、「三世両重の十二因縁説は原始仏教の時期にも又根本仏教の時期にもいはれなかつた解釈であるといはねばならぬ。即ち此解釈は全く後世の論蔵家の考出したものに過ぎぬのである」とする、前出「十二因縁の解釈――縁起説の意義」。）

それでは、釈尊はどのように考えていたのか。このこととの関係では、最初期の経典が重視されるべきであろう。中村元は、原始仏教経典のうちの最古層の『スッタニパータ』1049〜1051での縁起説について、以下のように記している（前出『原始仏教の思想Ⅱ』第6編第3章）。

メッタグーというバラモンの学生が、釈尊にこう質問した。

「先生！　あなたにおたずねします。このことをわたしに説いてください。あなたはヴェーダの達人、心を修養された方だとわたしは考えます。世の中にある種々様々な、これらの苦しみは、そもそもどこから現われ出たのですか」

これに対して、釈尊はこう答えた。

「メッタグーよ。そなたは、わたくしに苦しみの生起するもとを問うた。わたくしは知り得たとおりに、それをそなたに説き示そう。世の中にある種々様々な苦しみは、執著（生存の素因）を縁として生起する。

じつに知ることなくして執著をつくる人は愚鈍であり、くり返し苦しみに近づく。だから、知ることあり、苦しみの生起のもとを観じた人は、再生の素因（注：執著）をつくってはならない」

中村は、この問答に「最初期の仏教の思想」が要約表明されているとし、こう整理している。

「（1）人生は多くの苦しみにみちたものである。

（2）これらの多くの苦しみは、生存の素因（執著）を縁として生起したものである。

（3）生存の素因にもとづいて現実の種々の苦しみが現われ出るのは、生起の関係である。

（4）人間が生存の素因すなわち執著をつくるのは、人間の真実相を知らないからである。だから執著の根底には無知（無明）が存する。

（5）人間の真実相としての苦しみの生ずるゆえんを観じた人は、生存の素因をつくることがない。すなわち明知があれば、執著のなされることはない。生存の素因である執著がなければ、苦しみも現われ出ない。

簡単な図式をもって表示するならば、
無知→執著→苦しみ（順観）
無知なし→執著なし→苦しみなし（逆観）」
中村のこの趣旨からすると、釈尊は縁起を本質的には論理的関係と考えていたとみるのが無理のない解釈であろう（なお、中村の訳文の「生存の素因」の原語はupadhiであるが、この語は他に「執着のよりどころ」、「依著」、「所依」、「欲」、「五蘊」、「煩悩」などと訳されている）。中村は他のところでも、こう論じている。「最初期の仏教においては、十二因縁のそれぞれの項はかならずしも時間的に輪廻の過程のうちにあって継起する因果の関係によって順序立てられているのではなくて、むしろ人間の生存のありかたの構造において順次に基礎づけあっている関係で列挙されているのであり、その真意は、人間が迷っているもろもろのすがたの構造連関を解明しようとするのである」（『空の論理』第1編第5章、中村元選集〔決定版〕第22巻、春秋社、１９９４年）。

木村は、釈尊は「後世のごとくに、三世に渉る輪廻論自身の説明に力を致さなかったことは疑うことのできぬ事実である」が、輪廻論は釈尊の「根本関心事」であった、と言う。「根本関心事」であったがゆえに、釈尊は、その時代にインドの人々を長く苦しめていた輪廻の観念からの解脱を説いたのである。「比丘たちよ、輪廻は無始であり、生きとし生けるものが、無明（無智）におおわれ、渇愛（欲望）に縛せられて、流転し、輪廻したるその始源を知ることをえない。比丘たちよ、そのように長い時間にわたって、苦を受け、苦痛を受け、災いを受け、墳墓のみがいや増しにましてきた。だから、比丘たちよ、この世のもろもろの営みを厭うがよく、欲を離れるのがよい。したがって、そこより解脱するのがよいのである」(『相応部経典』「無始相応・草薪」、〔無始についての集成・草と木〕)。

二 無我の輪廻論

木村の輪廻論に対する和辻の根本的批判は、輪廻思想は釈尊の無我思想と調和し得ないというものであった。すなわち、「輪廻思想と無我思想との調和が困難であるのは、輪廻思想が本来転生の道途において自己同一を保持せる『我』あるいは『霊魂』の信仰に基づくに対し、無我思想がかかる『我』あるいは『霊魂』の徹底的排除を主張するからである。しかしかく明瞭に異なれる二つの思想を調和させるということは、もともと不可能なことであって、問題となり得べきものではない」というのが、和辻の基本的立場であった(なお和辻は、輪廻そのものについては、「無明によってひき起こされた妄想の現象」、「無明から生じた迷妄の現象」と考えている、前出『原始仏教の実践哲学・仏教哲学の最初の展開』「仏教哲学の最初の展開」。類似的に、輪廻を「凡愚衆生にのみ考えられる迷妄の境〔無明→苦〕」、「仮の世界」であるとするのは、雲井昭善『仏教興起時代の思想研究』第6章第4節、平楽寺書店、1967年)。

実は、「輪廻思想と無我思想との調和が困難である」という問題は木村も自覚していた。木村はこう言う。「仏陀にしたがえば、生命は刻々に変化するもの、しかしてその輪廻的相続はただ無意識的性格によるとするならば、前生と後生との間における人格的関係はいかに。換言すればそれを同一とすべきか、異なれりとすべきか。けだし有我論によれば、凡ては変化してもその我体が同一常住なりという点で、少なくとも論理的には、前後生の間に自己の同一が成立するけれども、仏陀のごとく、その中心自身を変化的に見る限り、この難は必然に起こって来ねばならぬからである」。

そこで、「この難」を回避するために、木村は独特の解釈を提示する。「仏教のいわゆる輪廻はあたかも蚕の変化のごときものであろう。幼蟲より蛹になり、蛹より蛾になるところ、外見的にいえば、全く違ったもののようであるけれども、所詮、同一蟲の変化であって、しかも幼蟲と蛾とを以って、同ともいえず、異ともいえず、ただ変化であるといい得るのみと同般である。……変化の無始無終に続くところ、やがてこれ無限の輪廻であって、しかもその変化を規定して行く経過がやがて因果であるというのが、すなわち仏教の真諦的見地であるのである」。

「変化」が「輪廻」であるとするのである。木村はこれに加えて、持論の「業」説も持ち出している。「かくして、ここに来たって、吾人の忘れてはならぬことは、仏陀はかく変化の上において輪廻を建立する限り、仏教の輪廻論はもはや、文字通りの意義における輪廻説ではなくなったということである。けだし文字通りの輪廻説とは、霊魂が空間をかけ廻って種々の身分を取得することであるけれども、仏陀にしたがえば、変化の当体はすなわち輪廻であって、空間を駆け回る霊魂なるものがないからである。すなわち、あたかも幼蟲が死んで蛹となり、蛾となるのではなく、ただ変じて蛹、蛾となるがごとく、吾らの生命もまた、その当体を変ずるところ、やがて馬たり牛たり地獄たり、天堂たりで、凡て業自身が自らこれを変作するのを名づけて輪廻というに過ぎないのである」。

木村は、「仏陀にしたがえば」と言っているので、この輪廻論は釈尊の輪廻論であるということになる。「我」がない、無我の輪廻論である。はたして、これは経典上の根拠はあるのか。この根拠は、和辻が区分する「純粋に無我五蘊縁起等を説く経」と「神話的著色の多い作品」「神話的文学的な作品」のうちの「純粋に無我五蘊縁起等を説く経」にないのはもちろんのことである。それでは、「神話的著色の多い作品」「神話的文学的な作品」のなかには根拠があるのか。実は、これらにもないのである。これらの経典のなかにあるのは、「有我」の輪廻論である。

木村における無我の輪廻論は、「ミリンダ王問経」の影響を受けている、というより、後述するように、影響以上のものがある。

ミリンダ王問経は、紀元後1~2世紀頃に作成されている。大乗経典の出現の少し前かほとんど同じ時期である。中村元『インドと西洋の思想交流』（中村元選集・決定版第19巻、春秋社、1998年）は、ミリンダ王問経の原型は紀元前1世紀~紀元後1世紀に作成され、現存のパーリ本は紀元後250~430年に成立したとする。

木村は、「弥隣陀問経」では、「一燈の他燈に移るがごとき喩を以ってして、その無間断的継続を明白ならしめようとした。また、この点は、後に述べるがごとく、あたかも蚕の幼虫が蛹と化し、蛾に化する趣きと同班と見たならば、一そうよく仏教の輪廻観が会得し得られようと思う」と記している。

ミリンダ王と仏僧ナーガセーナの問答をみてみる（邦訳は、中村元・早島鏡正訳『ミリンダ王の問い』平凡社、1963~1964年を参照）。

「尊者ナーガセーナよ、再生したものは〈死滅したものと〉同一でありますか、あるいは異なったものでありますか?」

長老は答えた。「それは同一でもなく、また異なったものでもありません」

「譬えをのべてください」

「大王よ、たとえば或る人が灯火を点じた場合に、それは夜どおし燃えるでしょうか？」

「尊者よ、そうです。夜どおし燃えるでしょう」

「大王よ、初更の焔と中更の焔とは同一なのでしょうか？」

「尊者よ、そうではありません」

「中更の焔と後更の焔とは同一なのでしょうか？」

「尊者よ、そうではありません」

「大王よ、それでは初更の焔と中更の焔と後更の焔とはそれぞれ別のものなのでしょうか？」

「尊者よ、そうではありません。同一〈の灯火〉に依存して焔は夜どおし燃えつづけるのです」

「大王よ、事象の連続はそれと同様に継続するのです。生ずるものと滅びるものとは別のものではある、〈一方が他方よりも〉前のものではないかのごとく、また後のものでもないかのごとくに〈いわば同時のものとして〉継続しているのです。こういうわけで、それは同ならず異ならざるものとして、最後の意識に摂せられるに至るのです」

「尊者ナーガセーナよ。〔人が死んだ場合に、輪廻の主体が次の世に〕転移することなくして、しかもまた生れるのですか？」

ナーガセーナが、そうだ、と答える。

ミリンダ王「尊者ナーガセーナよ。次の世に生れかわるものは何ものなのですか？」

ナーガセーナ「大王よ、実に名称・形態が次の世に生まれかわるのです」
ミリンダ王「この〔現在の〕〈名称・形態〉が次の世に生まれかわるのですか？」
ナーガセーナ「大王よ、この〔現在の〕〈名称・形態〉が次の世に生まれかわるのではありません。この〔現在の〕〈名称・形態〉によって、あるいは善あるいは悪の行為（業）をなし、その行為によって他の〔新しい〕〈名称・形態〉が次の世に生まれかわるのです」
ミリンダ王「この〔現在の〕〈名称・形態〉が次の世に生まれかわるのでないならば、人は悪業から免れることになるのではありませんか」
ナーガセーナ「もしも次の世にまた生まれることがないならば、人は悪業から免れるのでありましょう。大王よ。しかしながら〔実際には〕次の世にまた生まれるが故に、悪業から免れないのです。」「ひとはこの〔現在の〕〈名称・形態〉によって善あるいは悪の行為をなし、その行為（業）によって他の〔新しい〕〈名称・形態〉が次の世にまた生まれるのです。それ故に、彼は悪業から免れないのです。」「実に、死とともに終わる〔現在の〕〈名称・形態〉と次の世においてまた生まれる〈名称・形態〉とは別のものではあるけれども、後者は前者から生じたのである。それ故に、もろもろの悪業から免れないのである。」

木村の輪廻論は、ミリンダ王問経に触発されている、というより、むしろ自己の輪廻論を大乗と接続させるために、ミリンダ王問経を活用していると考えられる。ナーガセーナは部派仏教の説一切有部（一切が実有であると説く部派）の比丘である。

和辻は既述のように、木村の輪廻論をこう批判する。

「我々はかくのごとき輪廻説ならざる輪廻説を理解し得ぬ。が、かかる解釈の不可解よりもさらに重大なことは、右の解釈において『ブッダに従えば』というごとき言葉が繰り返されているにかかわらず、阿含の経典自身のうちにその証拠を見いだし難いことである。経典に現われた輪廻思想は決して右のごとき難解なものではない。最もしばしば繰り返し現われているのは、悪業のゆえに人は死後地獄に生じ、あるいは畜生と生まれ、あるいは、人間となる場合にも、短命、下賤、醜悪などの応報をうけ、善業をつめば死後天に生じ、あるいは人間となっても長命、高貴、美妙などの応報を受ける、という思想である（注：和辻はここで『中阿含』「鸚鵡経」を引用している）。これが業による輪廻の意義であり、従ってこの『道徳的報復』という一点にオルデンベルクのごときも輪廻思想の中心的意義を見いだしている。ところでこの道徳的報復は、同一の人格が自己の業に対して自ら応報を受くるのでなくしては意味をなさぬ。これは輪廻思想が初め霊魂輪廻の思想として生起したという歴史的関係からも、また道徳的報復という思想の論理的意義からも、当然認められるべきことである。そうして経典中には明らかにこの点に言及せるものもある。『この汝の悪業は汝の母によってなされたのではない。汝の父、汝の兄弟、汝の姉妹、汝の友人、汝の親族、禁欲行者、バラモン、神々などによってなされたのでもない。汝自身によってこの悪業はなされた、汝自身その果を受けねばならぬ。』（注：これは『中阿含』「天使経」にある。）生物を殺害する事を喜びとしたものが死後地獄中に生ずる、この果を味わうものは生物を殺害したその人でなくてはならない。ここに輪廻の主体としての同一の『我』を認めないことは不可能である。輪廻思想が輪廻思想である限りこの点は動かせない」。

要するに、無我の輪廻論は、「神話的著色の多い作品」「神話的文学的な作品」たる経典においてさえないのである。あるのは、有我の輪廻論である。ということは、無我の輪廻論は初期仏教の経典のどこにも根拠を見出せないということになる。これを知っているのであろう、木村は無我の輪廻論で一貫させていない。この矛盾は、後述のように、木村の持論の「業」説に出ている。和辻はこれに言及していない。

なお、先述のように、ミリンダ王問経でのナーガセーナは説一切有部の比丘であるが、この説一切有部の編纂にかかる経典『ウダーナヴァルガ Udānavarga』(感興語、無問自説経、自説経などと訳されている)に、こういう文がある。邦訳は中村元『ブッダの真理のことば・感興のことば』「感興のことば」(岩波書店、1978年)を参照。

(第1章)23「生きとし生ける者どもは死ぬであろう。生命は終には死に至る。かれらは、つくった業の如何にしたがっておもむき(それぞれ)善と悪の報いを受けるであろう。」24「悪い行ないをした人々は地獄におもむき、善いことをした人々は善いところ(=天)に生れるであろう。しかし他の人々はこの世で道を修して、汚れを去り、安らぎに入るであろう。」

(第9章)17「悪い事をしても、その業(カルマ)は、しぼり立ての牛乳のように、すぐ固まることはない。(徐々に固まって熟するのである。)その業は、灰に覆われた火のように、(徐々に)燃えて悩ましながら、愚者につきまとう。」18「悪い事をしても、その業(カルマ)は、刀剣のように直ぐに断ることは無い。しかし、来世におもむいてから、悪い行ないをした人々の行きつく先を知るのである。

のちに、その報いを受けるときに、劇しい苦しみが起る。」

三　「業」説

木村はこう論じる。「吾らの生命活動（真理活動を主として）なるものは、凡て過去の経験の積聚として来たもので、経験を除いては何物もない」が、「ただ普通の経験論者は、生まれ落ちてから死ぬまでの一代の経験についてこれを論ずるのに対して、仏陀はこれを無始の過去にまで遡って経験を談ずるところがその異なるところであるけれども、ともかく、経験を主として、吾らの生命活動を説こうとした点において、少なくとも一種の経験論的態度のあったということだけは疑うことのできぬ事実である。業というのは実にこの経験の積聚が無意識的ながらも、吾らの性格の根抵となり、未来の行為を規定する事実に名づけたものに外ならぬのである。したがって、業相続というも所詮、経験の連続、厳格にいえば、経験の結果による性格の流続ということに外ならぬのももちろんである。すなわち仏陀にしたがえば、吾らの生命は無限の過去より種々の経験を積み来たり、その経験に応じた性格によって自己を経営し、その経営の仕方はやがてまた新しい経験として、その性格を変化し、かくして無限に相続するのがいわゆる輪廻である。しかしてその性格とそれに応ずる自己創造との間における必然的規定を業による因果と名づけるのである」。

この木村の論において何よりも問題なのは、業の主体、経験の主体、性格の主体は何なのかということである。木村は、おそらく意図的に明示していないが、脈絡からすれば「自己」（己れ）であろ

う と思われる。このことは、木村の別の論説（前出『原始仏教思想論』「業説の価値について」）をみれば判然とする。

「そもそも善悪と禍福との一致は、たとえそれは証明し難いとしても、吾人の放棄することの出来ぬ要求であること已にカントもいったところである。人間社会の賞罰による秩序の制定も実にここに基づいたものに外ならぬ。しかしながら、実際上においては、この要求はややもすれば裏切られて、正義は虐げられ、不正が栄えるということは、古往今来絶えない現象である。いわゆる天道果して是か非かの嘆を発せざるを得ないものがある。ここを以ってか古来よりしてこの不調和を会通して吾らの要求に満足を与えようとして、種々の説が提出せられることになった」。

木村は、これらの説として、①「社会組織の改善に期待する要求」、②「自己の良心による賞罰案」、③「子孫において妥当性を求めるという説」、④「右の考えを親属または一般社会に拡げる説」を挙げて、各説の当否を検討し、いずれも取るに足りないとする。そうして、こう主張する。

「かくして残るところは、すなわち自己の業を自己が果たすという三世に渉る仏教の業説が一番妥当であるということにならねばならぬ。己れの為せる業に対する酬を己れ自ら実現してこれを受けるというのであるから、これほど公平な審判はあるまい。しかも、それは独り今世から出発するのではなく、永劫の過去より連続して来たことであるから、今世において義人であるものが不幸を受け、悪人であるものが幸福を得たからとて、それは過去よりの勘定の結果と観ずれば、ここに少しの不公平もないことになる。何となれば、仏教にしたがえば、前にも述べたごとく、好不好《よしあし》の運命と、善悪の等流果とは、必ずしも時において一致して顕われるものではないからである。しかも今世に為した善果は、たとえ今世に酬わないとしても、悠久の輪廻中には何時かは必ず間違いなしに酬いることになるのであるから、決してそれは無駄奉公にはならぬ。したがって、もし一度びこの確信さえ抱き得るならば、吾人は運命に安んじながらも喜んで善と正義とに固執して、人のために尽くすことも出来るわけである、もし吾らが現世において犯した罪なくして不幸に遭えば、前世に蒔いた種子が熟したものと悟り、それだけ自己に備わった責任が軽くなるのを喜ぶべきであり、もし現世にあって大した功徳を積まないのに、分外の幸運にあえば、これは前世の功徳が熟したるものであって、それだけ福分が減じたことを警誡すべきであり、何れも将来に備えるための善事を励む動機となることは一である。……西洋人の中などには、この業説を以って東洋の迷信と嘲笑しながら、末日審判説には疑を挟もうとしないほど、没批判的な人も少なくはないけれども、実はこの業説は、たとえ科学的に立証することは困難であるとしたところで、少なくともこの点に関して、種々の説明中、最も合理的であると考えられることを忘れてはならぬ」。

ここで木村が述べている「自己の業を自己が果たすという三世に渉る仏教の業説」、「己れの為せる業に対する酬を己れ自ら実現してこれを受ける」という文は、明らかに業の主体は「自己」（己れ）を意味している。かつ、その趣旨からして、その「自己」（己れ）は「我」と同義である。木村は、有我の輪廻論を展開しているのである。有我の輪廻論であれば、それは、初期仏教の「神話的著色の多い作品」「神話的文学的な作品」たる経典のなかにある。そして、この有我の輪廻論は仏教独自のものでなく、ウパニシャッド等のバラモン教の聖典、ジャイナ教の教説の系譜のものである。

木村の論説の全体的内容からして、木村の本来的志向は、有我の輪廻論であったと思われる。しかし、釈尊の根本教説の一つは無我説である。これは動かせない。この無我説と何とか折り合いがつくように、木村は、無我の輪廻論という「不可解」（和辻）な輪廻論を示したのであろう。

また、木村が「最も合理的である」とするその業説は、6世紀の中国における北周の仏僧・道安が著わした『二教論』（570年）を彷彿とさせる。このなかで、道安はこう言う。

孔子が高く評価していた弟子の顔回が、「この世で善を行ないながらも、若くして不幸な生涯を終えたのは、かれが前世で犯した悪業の報いによるものである。だが、顔回は現世で善を行なったのであるから、その報いは来世の幸福となって現れるであろう」。逆に、古代中国の春秋時代の悪名高き大盗賊の盗跖が「現世の幸福を恵まれたのは、前世の善業によるものであるが、そのかわり現世で働いた悪事の報いは、必ず来世の不幸となって現れるであろう」。

この道安の論から、仏教（大乗仏教）伝来後の中国において、輪廻説・業説が深く浸透していたのが知られる。道安は、『大智度論』や『涅槃経』を研究していた。『涅槃経』には初期仏教の涅槃経と後の大乗涅槃経があるが、いずれも輪廻説・業説とは関連が希薄なので、道安はおそらく、『大智度論』から輪廻説・業説の知識を得たのであろう。『大智度論』（「摩訶般若波羅蜜経釈論」）は、大乗仏教の理論的開拓者であるナーガールジュナ（龍樹：150年頃～250年頃）の作とされてきたが、今日では疑問視されている。

『大智度論』は、「大品般若経」の注釈書で、大乗仏教の百科全書的著作であり、その後の大乗仏教に大きな影響を与えた。鳩摩羅什（344～413年、異説あり）の漢訳（402～405年）がある。

その『大智度論』「巻五」では、たとえば、輪廻・業についての次のような詩節が示されている。

「先の世に自分の作った行為（業）は、成熟して種々の形となる。
行為の力はもっとも大きく、世界のうちで比べるものがない。
先の世の行為は思いのままに、人に指図して果報を受けさせる。
人は行為の力によって輪廻し、生死の海の中をめぐる。
たとえ大海の水が渇き尽き、スメール山の土がなくなっても、
先の世の原因と条件による行為はけっして焼けず、尽きない。
行為が長いあいだ積み重ねられれば、それを造った者自身を追いかける。
たとえば債権者が債務者を追いかけて放さないように。
この行為の果報を変化させ得るものはありはしない。
またそれから逃避する処もない。哀れみを請うて免れることもできない。
三界のなかの有情を追いかけてしばらくも離れない。」

木村の無我の輪廻論にもどると、そもそも、無我説と輪廻論は折り合いがつくものではない。和辻はこう論じる。「輪廻思想と無我思想との調和が困難であるのは、輪廻思想が本来転生の道途において自己同一を保持せる『我』あるいは『霊魂』の信仰に基づくに対し、無我思想がかかる『我』あるいは『霊魂』の徹底的排除を主張するからである。しかしかく明瞭に異なれる二つの思想を調和させるということは、もともと不可能なことであって、問題となり得べきものではない」。

それでは、なぜ輪廻思想と無我思想がともに初期仏教の経典のなかにあるのか。しかも、いずれも

釈尊という名のもとで語られている。この問題は、究極的には、初期仏教の経典の編纂のあり方に行きつく。和辻はこの点について、こう鋭く指摘する。

「阿含の経典は無我を説く経とともに輪廻思想を説く経をも含んでいる。ある経においては両者が混淆して説かれてさえもいる。そうして説者はいずれもブッダである。――ここで問題は原典批評の領域に移ってしまう。阿含の経典は果たしてブッダの思想を忠実に伝えたものであるか。ブッダを主人公とする経典が歴史的人物たる釈迦の思想と全然異なった思想を説くということはあり得ないか。原始教団の種々の異なった傾向、思潮などが、同じくブッダを主人公としつつも、全然異なった経典を作るということはあり得ないか。これらの問題の考察によって二つの異なった思想をいきなり一人に帰するという立場は根本的に批評されなくてはならぬ。二つの異なった思想はあくまでも二つの異なった思想であって両者がともに原始教団において存したということは両者を内面的統一あるものとして解すべき義務を我々に負わすものではない。いわんや後代の教団が両者の調和に努力したということは、両者が本来調和せるものであったことの証拠ではなくして、むしろその反対である。

かくのごとく輪廻思想の解釈の困難は実は原典批評の不足に帰着する。この不足を自覚せずして無我思想と輪廻思想との結合を試みた解釈は、我々にとっては輪廻思想を不可解なものたらしめたように見える」。

四　輪廻からの解脱を論じない

木村の輪廻論においては、看過すべきでない特徴がある。輪廻は解脱の対象ではないということである。これは、釈尊思想の解釈において、重大かつ決定的な誤りである。木村は、「仏陀にしたがえば」と言いながら、欲望からの解脱を論じても、輪廻からの解脱は論じない。木村にとって、輪廻はむしろ肯定されるべきものであるからである。これは、先述の有我の輪廻論が出ている論説（「業説の価値について」）のなかで示されている。

「己れの為せる業に対する酬を己れ自ら実現してこれを受けるというのであるから、これほど公平な審判はあるまい。しかも、それは独り今世から出発するのではなく、永劫の過去より連続して来たことであるから、今世において義人であるものが不幸を受け、悪人であるものが幸福を得たからとて、それは過去よりの勘定の結果と観ずれば、ここに少しの不公平もないことになる。何となれば、仏教にしたがえば、前にも述べたごとく、好不好《よしあし》の運命と、善悪の等流果とは、必ずしも時において一致して顕われるものではないからである。しかも今世に為した善果は、たとえ今世に酬わないとしても、悠久の輪廻中には何時かは必ず間違いなしに酬いることになるのであるから、決してそれは無駄奉公にはならぬ。したがって、もし一度びこの確信さえ抱き得るならば、吾人は運命に安んじながらも喜んで善と正義とに固執して、人のために尽くすことも出来るわけである、もし吾らが現世において犯した罪なくして不幸に遭えば、前世に蒔いた種子が熟したものと悟り、それだけ自己に備わった責任が軽くなるのを喜ぶべきであり、もし現世にあって大した功徳を積まないのに、分外の幸運にあえば、これは前世の功徳が熟したるものであって、それだけ福分が減じたことを警誡すべきであり、何れも将来に備えるための善事を励む動機となることは一である」。

初期仏教経典における、和辻の言う「純粋に無我五蘊縁起等を説く経」のなかで、釈尊はしばしば輪廻の観念からの解脱を説いている。にもかかわらず、木村は、このことに全く論及しない。これは意図的なものであろう。

木村の上記の論との関係では、ミリンダ王問経のなかに興味深い問答がある。

ミリンダ王「尊者ナーガセーナよ、如何なる理由によって、人々はすべて平等ではないのですか？すなわち、或る人々は短命で、或る人々は長命です。また或る人々は多病であり、或る人々は病が少ないです。或る人々は醜怪ですが、或る人々は端麗です。或る人々は力弱く、或る人々は力が強い。或る人々は財少なく、或る人々は財が多い。或る人々は卑賤の家に生まれ、或る人々は高貴の家に生まれます。或る人々は愚かであり、或る人々は賢明です」

ナーガセーナ「大王よ。〔宿〕業の異なることによって人々はすべて平等ではないのです。すなわち、〈その故に〉或る人々は短命で、或る人々は長命です。或る人々は多病であり、或る人々は病が少ないです。或る人々は醜怪ですが、或る人々は端麗です。或る人々は力弱く、或る人々は力が強い。或る人々は財少なく、或る人々は財が多い。或る人々は卑賤の家に生まれ、或る人々は高貴の家に生まれます。或る人々は愚かであり、或る人々は賢明です。世尊はこのことをお説きになりました。――

『バラモン学生よ、生けるものどもは、それぞれ各自の業を所有し、業を相続するものであり、業を母胎とし、業を親族とし、業を拠りどころとしている。業は生けるものどもを、賤しいものと尊いものとに差別する』と」

この問答について、中村はこう論じている。「人間の平等ということは、インド思想史上においては、原始仏教によって特に力強く主張された」が、「いまやここでは業説によって、人間の生理的不平等のみならず、社会における人間の不平等の事実が過去の業に基づく当然のこととして是認されている」。「ナーガセーナの表明している思想は、この時代の社会事情に適合したものであったと考えられる。この点において、仏教は、初期においては、インド社会一般に対して改革的進歩的であったのに、この時代からその性格を幾らか失うこととなるのである」（前出・中村元『インドと西洋の思想交流』）。

アショーカ王（在位：紀元前268〜232年頃）を出したマウリア王朝は初期仏教の精神を尊重していたが（同時に、他のバラモン教、ジャイナ教、アージーヴィカ教などの諸宗教も保護していた）、マウリア王朝の崩壊後（紀元前180年頃）、バラモン教が復興してきた。バラモン教の聖典のマヌ法典（この内容は本書の〔参考資料〕「『マヌ法典』、『ヤージュニャヴァルキヤ法典』と輪廻転生」で紹介している）は、紀元前2世紀〜紀元後2世紀頃に成立している。バラモン教の復興には、当然、カースト制、輪廻思想、業（因果応報）思想も含まれる。ミリンダ王問経の作成の時期は、マヌ法典の成立の時期とほぼ重なる。無我を説き、霊魂を否認しつつ、カースト制、輪廻思想、業（因果応報）思想を容認しているナーガセーナの論は、ある意味では、仏教のバラモン教化ともいえるかもしれない。こうした論は、この時代に突如現われてきたものでなく、釈尊没後の長期にわたって作成された初期仏教経典のなかの一つの思想傾向を継承していたものである。そして、この思想傾向は大乗仏教の諸経典のなかにも流入して行く。

和辻はこう言う。「阿含の経典は、大乗の経典とまるで質の異なったものだとはいわなくてはならなくなる。ところでそういう二種の異なった経典のちょうど中間に、阿含と同じく歴史的ブッダとその説いた法とを重視しながら、しかも超自然的な要素の著しく入り込んで来ている経典がある。『ミリンダ王問経』(漢訳仏典『那先比丘経』)がそれである。事によればこの経は、大乗経典というようなものの出現の事情に対して、ある光を投げるかも知れない」(前出『原始仏教の実践哲学・仏教哲学の最初の展開』のなかの「仏教哲学の最初の展開」)。阿含経典のなかの釈尊思想についてはともかくとして、和辻のように、「阿含の経典は、大乗の経典とまるで質の異なったものだ」とは必ずしも言えないが、阿含と大乗の中間にミリンダ王問経を位置づけるのは、中村の見方と類似している。

木村は、「原始仏教」の「原始」のなかに、「仏陀の直弟子ばかりの企てた仕事」ではない、「仏滅後一百年、もしくはその以後」の仕事も含めている。そして、木村は、「原始仏教の思想と同時に後世思想、ことに大乗思想の淵源を阿含経典から見出そうとするのが本書の目的である。したがって、実をいえば、その材料の取扱いにおいても、勢い可なりに寛大にならざるを得ぬものがあろう」と言う。木村の輪廻論は、このあたりに「淵源」があるのかもしれない。

大乗仏教との関係で、和辻は重要な指摘をしている(前出「仏教哲学の最初の展開」)。

「元来、仏教哲学へ眼を向けたのは、そのころ初めて手をつけた日本の思想史の研究に際して、日本のすぐれた思想家を理解するためには仏教哲学の理解が前提とならなくてはならないということを痛感したせいであったが、さて接近してみて驚いたのは、西洋の哲学が教会からの独立によって近世の顕著な発達をひき起こし、同時にまた理解しやすい哲学史の成立を可能にしているのに反して、仏教の哲学がまだ教会から独立しておらず、従って信仰の立場に煩わされない哲学史もまだ成立しておらないということであった」。

和辻がこう記したのは、1955年であった。和辻がいう「教会」とは、仏教の教団・寺院・教会を指している。実際、今日でも、仏教研究の論著の多くは、和辻の指摘の枠内に入っているのではないかと思われる。仏教の経典に対する、ある斬新な見方への仏教勢力側からのすさまじい精神的攻撃が、江戸時代にあった。これは、江戸時代のことだと片づけられない。攻撃の精神構造が仏教界の深層にいまだ沈殿しているからである。これは、「輪廻」論と直接的には関係がなさそうにみえるが、和辻のいう「仏教の哲学がまだ教会から独立しておらず、従って信仰の立場に煩わされない哲学史もまだ成立しておらない」という問題は、実は、仏教界・仏教学者の少なからずの「輪廻」論と精神構造的につながっているのである。この意味で、ここの「補論　木村泰賢の『輪廻』論及びそれに対する和辻哲郎の批判」の最後に、「仏教の経典に対する、ある斬新な見方への仏教勢力側からのすさまじい精神的攻撃」を考察するのも無益ではないだろう。と同時に、この「ある斬新な見方」における看過されるべきでない陥穽にも、併せて論及する。

五　富永仲基の『出定後語』と「加上」論

「ある斬新な見方」とは、富永仲基（1715〜1746年）の著作『出定後語』（1745年）で展開された「加上」論である。

「諸教が興って分かれたのはみな本来、順次に加上したことによるものである。順次に加上するのでなければ、どうして教えが拡大し分かれようか。すなわちこれは古今を通じて教えがたどる自然のすがたである。ところが、後世の学者はみな、いたずらに、諸教はすべて仏の金口《こんく》より親しく説かれたものであり、阿難が親しく伝えたものだと、と思っている。ことに、これら諸教のうちにかえって数多くの分離と結合があることを知らないのである。また残念なことではないか」。「『如是我聞』の『我』とはどういうことかというと、後世、説をなす者が、みずから『わたし』といったのである。『聞』とはどういうことかというと、後世、説をなす者が、『伝え聞いた』のである。『如是』とはどういうことかというと、後世、説をなす者が、『伝え聞いたことはこのとおりである』ということである」（原文・漢文の『出定後語』の現代語訳は、『富永仲基・石田梅岩』日本の名著18、中央公論社、1972年を参照、また訓読文は、『富永仲基・山片蟠桃』日本思想体系43、岩波書店、1973年を参照）。

つまり、膨大な数の仏教の経典は、「すべて仏の金口より親しく説かれたものであり、阿難が親しく伝えたものだと、と思っている」が、これは誤りであり、経典は順次に加上されてきたものである、ということである。これが「加上」論である。経典は「如是我聞」で始まるが、これは、「後世、説をなす者が、『伝え聞いた』のである」。釈尊から直接に聞いたのではなく、後世の説をなす者が「伝え聞いた」ということである。仲基の弁によれば、この『出定後語』を30歳のときに執筆したが、『出定後語』での考えは20歳の頃から有していたとのことである。それにしても、傑出した人物である。

仲基は、大乗仏教の論書『大智度論』にたびたび批判的に論及している。仲基は、『大智度論』の次の文を示す。

「問い。もし仏が阿難に教えを広めるよう依嘱されたのであれば、仏が入滅された後に阿難が大迦葉と協力して三蔵を編纂したとき、このなかになぜ、この般若経を説かなかったのか。答え。大乗ははなはだ深遠であって、信じがたく行ないがたい。仏の在世のときでさえ、大乗を聞いた比丘たちのなかに、信ずることも理解することもできないで、そのために座を立って去っていったものがいた。ましてや仏が入滅された後に、どうしてこれを説くはずがあろう。こうした理由からこれを説かなかったのである」。「仏の入滅後、文殊や弥勒など多くの大菩薩もまた、阿難とともにこの大乗の経典を集めた。また阿難は、世のひとたちの志や行為が大乗と小乗のどちらに適しているかを推しはかることができたから、だから声聞のひとたちのなかでは大乗を説かなかった。説けば錯乱して、正しく分別できなかっただろう」。

これを仲基は批判した。

「いったい、大乗の教えは、当時多くの聖賢でさえ、親しく仏の言葉を聞きながら、それでもなお信ずることも、了解することもできなかったものである。それが後世に至ってかえって伝えられたとすれば、それこそ逆に疑わしいだろう。またここに立っていうとすれば、阿難は面を柔らげておもねるひとだったにすぎない。自分ひとり、究極の道を知りながら、これを声聞のひとのなかで説かないで、沈黙して面にへつらいの色を浮かべて、これを讃えたものである。このようなひとをどうして仏子《ぶっし》とすることができようか。

これらはみな、意味の通らない説であって、明らかに言葉を飾って説明したものである。実際に阿難が集めたところは、わずかに阿含経の数章だけである。この説明は後章に記すが、そうとすれば、その他はみな、後代の徒が仮託したもので、ただに阿難によって集められなかったばかりではないのである」。

この批判はなかなか鋭い。「大乗非仏論」が出てくる所以である。

仲基の仏典「加上」論は、常々、仏教を攻撃していた江戸時代の国学者たちに高く評価された。本居宣長は、『玉勝間』（1795～1812年に刊行）において、「見るにめさむるこゝちする事共おほし」、「無相といひしほうしの、非出定といふ書をあらはして、此出定をやぶりたれど、……ひたぶるに大声を出して、のゝしりたるのみ」と記している。ここに出ている「無相」とは無相文雄を指し、京都寺町了蓮寺の浄土僧であり、『非出定』という書を出版している。

同じく国学者の平田篤胤も仲基に傾倒し、『出定後語』をもじった『出定笑語』（1817年〔文化14年〕）を出した。このなかで篤胤は、「カノ凡ナラザルノ大才ヲ以テ、仏法ノ経論ノコラズヲ読尽《よみつく》シ、……諸仏経ハ一部一冊トシテ、釈迦ノ真経デナク、ミナ後世ノ、偽作ナルヨシヲ発明致《いた》シテ、名サヘ出定後語定ヲ出テ後カタルトイフ書二巻ヲ著《あら》ハシ」た、と称賛している。

もっとも、本居宣長、平田篤胤などの国学者たちと異なって、仲基は神道を崇敬していない。仲基は、1745年（延享2年）に『出定後語』を出版した翌1746年（安永3年）、『翁の文』を出している。このなかで仲基は、「仏道のくせは、幻術なり」、「儒道のくせは、文辞なり」、「神道のくせは、神秘・秘伝・伝授にて、只物をかくすがそのくせなり」として、仏道、儒道と並んで神道をも批判している。

それでは、当時の仏教勢力側は仲基にどう対応したのか。本居宣長が書いているように、ただ「ひたぶるに大声を出して、の、しりたるのみ」であった。その後は、「無視」が支配的となる。加藤周一は、「その後の長い忘却の後で、明治時代に富永仲基を再発見したのは、近代シナ学のこの国における創始者の一人として知られる内藤湖南（1866〜1934）である」（『日本文学史序説』下、筑摩書房、1980年）と論じているが、その内藤湖南は、「大阪の町人学者富永仲基」と題する講演（1925年〔大正14年〕4月5日）で、次のように語っている（内藤湖南『先哲の学問』筑摩書房、1987年）。

『出定後語』は、「仏教を批評的に研究した日本で最初の著述であります」。この著述は、「仏教研究の著述としては非常な《ママ》立派なものです。これをなぜ坊さん達が攻撃したかと申しますると、此人は詰り日本で大乗非仏説――大乗が仏説でないといふ、釈迦の説いたものでないといふ説の第一の主張者であります。さういふことで坊さん達が躍起となつて此人を攻撃したのであります」。「実は何も謗法の為に書いたのではない。唯だ仏教を歴史的に学術的に研究した」ということである。「大乗非仏説を唱へたといふことも、勿論えらくないことはありませぬが、私共はさういふ富永の研究の結果で出来た所の、その結論に感服するのではございませぬ。此人が考へた研究法に我々感服したのでありま す。日本人は一体論理的な研究法の組立といふことに、至つて粗雑であります。学者の中で非常な新しい思ひ付きがあつて、さうして新しいことを何か研究して産み出す人は相当にありますが、併し自分で論理的研究法の基礎を形作つて、その基礎が極めて正確であつて、それによつてその研究の方式を立てるといふことは、至つて日本人は乏しいのであります。それは仁斉でも徂徠でも皆相当えらい人でありますが、日本人が学問を研究するに、論理的基礎の上に研究の方法を組立てるといふことをしたのは、富永仲基一人と言つても宜しい位であります」。「加上の原則といふものは、元何か一つ初めがある。さうしてそれから次に出た人がその上の事を考へる。又その次に出た者がその上の事を考へる。段々前の説が詰まらないとして、後の説、自分の考へたことを良いとするために、段々上に、上の方へ上の方へと考へて行く。それで詰まらなかつた最初の説が元にあつて、それから段々そのえらい話は後から発展して行つたのであると、斯ういふことを考へた。それは『出定後語』の『教起前後』の章に書いてある」。「最初お釈迦さんの考へたのは声聞の教、即ち後にいふ小乗教であるが、その上に又その弟子達が段々世を経るに従つて、段々上の方に考へて、何百年かの間にこの大乗仏説が発達して来たと、斯ういふ加上の原則を発見したのが富永の説であります」。「これは詰り思想の上から考へて行つたので、思想の上から歴史の前後を発見する方法を立てた。歴史の記録のない時代のことを歴史的に考へるには、これより確かな方法がない」。「これは今日いろいろな国の古代のことを研究するに非常に役に立つ原則だと思ひます。富永は支那のことも斯ういふ原則で研究して居ります。

又日本のこともそれでやらうとしました。何も思想ばかりでない、事実に関する伝説でも、さういふ方法で研究が出来るのであります」。

そうして湖南は、仏教勢力からの仲基に対する罵倒について、こう述べている。

「浄土宗の坊さんの書いた『大日比三師講説集』といふ本がありまして、富永は仏教の悪口を言うたので到頭癩病になった。それから大変後悔して、坊さんを頼んで『出定後語』の版木を焼棄て、阿弥陀経千巻を書いて懺悔したけれども何等の験しがなく、到頭癩病で死んだといふことが書いてあるのです。これは文化文政頃富永の悪口が盛んに行はれて、坊さんが富永に対し酷く反感を持つた時分の言ひ伝へであります。……『出定後語』の版木を焼棄てたといふのは全く嘘でありまして、その後になつて平田篤胤がこの本を捜した時に、大阪の何処かの本屋の蔵の隅から版木を漸く見付けて刷り出したといふことを書いてありますから、版木を焼棄てたといふのは全く嘘であります。仏教者は妙に人の悪口を言ふ時には、口ぎたない言辞を用ふるものでありまして、ただ無闇に声を大きくして人を罵るやうなことをする」。

湖南がここで出している『大日比三師講説集』とは、世良諦元編の「法岸法洲法道三師遺稿」本のことで、1910年（明治43年）、西円寺出版である。

ところで、仲基の「加上」論において、本書との関係で特に注意すべきところがある。これは、これまでほとんど論及されてこなかった。それは、「仏道のくせは、幻術なり」の幻術と釈尊の関係である。仲基の論をみてみよう。

「インド人の習俗には幻術（「幻」）を好んではなはだしいものがあるが（「竺人の俗、幻を好むを甚だしとなす」）、これは中国人の文辞（「文」）を好むのに匹敵する。およそ教えを設け、道を説くものはみな、かならずこれによって広め、かりそめにもこれによらないときは、民衆はこれを信用しない。……『大智度論』に『菩薩は世のひとたちのために神通によってさまざまな珍しい不思議をあらわし、ひとびとの心を清浄にさせる』といい、『鳥は羽がなければ、高く飛べない。菩薩は神通がなければ、思いのままに世のひとたちを教え導くことができない』といっているものは、これを示している。

当時、異教徒たちもまたみな、幻術によって教えを広めた。だから、釈迦仏が自説を立てて、これらの上を行くにあたっても、神通をかりて広めるほかはなかったのである（「当時、諸外道も、またみな幻をもつて進む。迦文闘いてこれに上するも、またこれにかりて、もつて進まざることあたはず」）。

「三蔵のなかには幻術の比喩が極めて多い。その理由はインドではこれを実際に見聞することが多いばかりか、またそれを好んでもいるからである。また多くの弟子たちには、釈迦仏の言葉と称して自説を立て、たがいにあい加上して他説を併合するといったものがあるが、これもまた幻術である。三十二種の天や六道に生滅を繰り返すという説も、これまた幻術である。過去七仏のさきは、異教徒の説に加上したものであって、これもまた幻術である。梵天があらわれて仏に教えを説くよう請うたのもまた幻術である。以上はすべて幻術である。インド人の学問は実に幻術によって道をつけ、かりそめにもこれによって説き広めなければ、ひとは信用しない（「諸蔵の中には幻喩ひとへに多し。何となれば則ち、天竺には見聞多く、かつ、その好む所なればなり。また諸弟子、言を迦文に託して、もつてその言を立て、互相に加上幷呑する者のごときも、これまた幻なり。三十二天・六道生滅の説も、これまた幻なり。

七仏の前、外道に上すと。これまた幻なり。梵天来りて教へを請ふも、これまた幻なり。これみな幻なり。竺人の学は、実に幻をもつて道を済す。いやしくも、これによつてもつて進まざれば、民もまた信従せざるなり」）」。（中村元は、仲基の「幻」論を肯定的に評価し、自らも、「想像力の横溢ということは、インド的思惟の顕著な特徴であるが、それは自然界の時間的・空間的規定を無視するという状態にまでいたっている。大乗経典やプラーナ聖典〔注：ヒンドゥー教の聖典〕においてはとくに著しい」と記している（『インド人の思惟方法』第10章、中村元選集〔決定版〕第1巻、春秋社、1988年）。また、同じく中村は、「後世の大乗仏教では経典のなかにマントラや神呪が現われるが、それはバラモン教の影響であると考えられる」とも述べている（前出『原始仏教の成立』「第3編第4章、中村元選集〔決定版〕第14巻）。

「因果応報とか天宮・地獄といった説は、もと異教徒の説いたもので、それはインド人の性情として好むところだからである。釈迦仏はこれを手がかりに、これによって教え導いて、その普通以下の能力のものを収め取り、さらに仏のさとりは一切の差別相を超えたものであるという説を立てて、これによって前の段階を出て、普通以上のものを収めた。なぜなら、この説はもとより間違ったものではなく、かつインド人の好むところのものだったからである。ところがその実、これは方便なのである（「因果報応・天堂地獄の説のごとき、もと外道の立つる所、竺人の性の好む所なり。迦文は、よりてもつて利導し、その中人以下の者を収め、さらに成仏離相の説を立て、もつてこの層を出で、その中人以上の者を収む。何となれば則ち、その説もとより悪なく、かつ、竺人の好む所なればなり。しかるに、その実は則ち方便なり」）。……また仏教徒がこれがないことから儒者をそしるのもまたその実、これが方便であることを知らないからである。だから道を説き、教えを開くひとは、遠い昔から、かならずみな、その習俗にあわせて教えを導き、君子であっても、これを免れたものはなかった。インド人の幻術にしても、中国人の文辞にしても、日本人の直情にしても、これらはみなその習俗が、そうなのである」。

仲基がこれらの文において、「釈迦仏が自説を立てて、これらの上を行くにあたっても、神通をかりて広めるほかはなかった」、「因果応報とか天宮・地獄といった説は、もと異教徒の説いたもので、それはインド人の性情として好むところだからである。釈迦仏はこれを手がかりに、これによって教え導いて、その普通以下の能力のものを収め取り」と述べていることからすれば、仲基は、和辻が区分する「純粋に無我五蘊縁起等を説く経」と「神話的著色の多い作品」「神話的文学的な作品」の両方ともに、後世の者たちでなく、釈尊自身が語っていたとみなしていることになる。

仲基はここで、「神通」、「因果応報とか天宮・地獄といった説」などの超自然的、超人的な内容の説法は「方便」として説かれたものという限定条件を付しているが、釈尊が「五蘊」、「縁起」、「八聖道」、「四諦」などの根本教説を説く一方で、これと対立・衝突する超自然的、超人的内容のものを同時に「方便」として説いたということなどあり得ようがない。釈尊は確かに、「異なる論法によって、正しい理法を説いた」（『相応部経典』〔感受についての諸小経典の集成・比丘によって〕など）。しかし、釈尊においては、「論法」は異なっても、「正しい理法」の内容は動かなかった。また釈尊は、既述のように、解脱に役立たない問いには「無記」であった。このことからすれば、釈尊がかりに方便的な説法をしたとしても、それはあくまでも「五蘊」、「縁起」、「八聖道」、「四諦」などの根本教説の範疇内のものであったと考えられる。迷妄でもって迷妄からの解脱を説くということなどは釈尊思想にはない。迷妄からの解脱は、八聖道〔及び四諦〕の実践、五蘊の理法を知ること、縁起の理法を知ることを通してのみ達成されるということを釈尊は繰り返し説いている。説法の相手が「普通以下の能力のもの」であったとしても、また対機説法とはいえ、超自然的、超人的内容の説法でもって相手を「教え導き」、釈尊の根本教説（五蘊、縁起、八聖道、四諦）を会得させることなどできようはずがない。釈尊の「方便」は「恣意」ではない。恣意的説法では解脱は不可能である。

釈尊の五蘊、縁起、八聖道、四諦の根本教説と後世創作の超自然的、超人的内容の説法とは、水と油のように相容れない二律背反のものであり、超自然的、超人的な説法を「方便」として用いるのは、説法の相手方に深刻な混乱をもたらすだけである。釈尊思想の究極の実践目的は現世においての解脱（欲望からの解脱と輪廻の観念からの解脱）であるが、仲基のいう「方便」的方法で解脱に導くことは不可能である。超自然的、超人的な内容の説法を創作し、それらを「方便」として使った者たちがいたとすれば、迷妄が浸潤していたインド社会において布教活動を行なっていた後世の僧侶集団であったであろう。

釈尊は、伝道の当初においては、バラモン教的術語を用いることもあったが、その場合でも、自身の根本教説をはずすことはなかった。一方、仲基の見方からすれば、たとえ「方便」であったとしても、釈尊自身がすでに「幻術」化すなわちバラモン教（ヒンドゥー教）化していたことになる。「方便」論の大きな陥穽である。

仲基が使用していた経典は、すべて漢訳経典であり、パーリ語経典ではない。初期経典も、漢訳の阿含経典のみを使っている。仲基は『出定後語』において、「阿含経典」から「大乗経典」への「加上」を論じているが、阿含経典のなかでの「加上」を論じていない。つまり、阿含経典に対する原典批評

(テキスト・クリティーク)がないのである。もっとも仲基は、「多くの弟子たちには、釈迦仏の言葉と称して自説を立て、たがいにあい加上して他説を併合するといったものがあるが、これもまた幻術である(「諸弟子、言を迦文に託して、もつてその言を立て、互相に加上幷呑する者のごときも、これまた幻なり」)」とも記しているので、阿含経典のなかでの釈尊の弟子たちによる「加上」に気付いていたのかもしれないが、阿含経典そのものに対する原典批評は全く行なっていない。原典批評がないことによって、仲基は、釈尊の五蘊、縁起、八聖道、四諦の根本教説に照らして、その根本教説に沿う経典とこれと対立・衝突する超自然的、超人的内容の経典とを区別する作業をしていない。いずれも釈尊の説法とみなしている。ただ後者の説法を「方便」としているのみである。時代的限界がここに出ている。仲基の「加上」論を生かすとすれば、釈尊没後の阿含経典(パーリ語経典)の長期の編纂過程において、インドの習俗と調和させるための「加上」があったと考えることであろう。津田左右吉は、インドにおいて仏教が衰えたのは、「それは佛教がインドの民族宗教としてのインド教に没入したことを意味する」と指摘しているが(『支那思想と日本』「東洋文化とは何か」岩波書店、1938年)、バラモン教(ヒンドゥー教)への仏教の接近は、初期仏教の経典の編纂過程においてすでに始まっており、そして、この接近は大乗仏教の経典の編纂において、より深まっていったとみるのが無理のない見方であろう。(仏教のヒンドゥー教化については、山崎元一『アショーカ王とその時代』第7章4、春秋社、1982年も参照。)

なお、インドに残存した仏教について、中村元は、「一般インド人は仏教はヒンドゥー教の一分派であると考えている」と言う(『インド思想史〔第2版〕』第10章二、岩波書店、1968年)。

仲基が阿含経典に対する原典批評を行なわなかったのは、時代的限界であったが、木村泰賢（『原始仏教思想』）の場合はそうではない。木村は、阿含経典に対する原典批評の必要性を認識している。

木村は、「大乗聖典が、概して構想的作為的なのに比し、阿含部、律部（小乗律）の記事は場所も人物も出来事も凡て実際に近く、いかにも原始的な面影を伝えるものである」とし、「このことは已に早く徳川時代に富永仲基氏がその出定後語に指摘したところ」であり、「その推定は大体において、もはや動かすことのできぬ断定となったのである」と述べる。続けて木村はこう言う。「しからば阿含部、律部の聖典は果たして原始仏教の真相をそのまま伝えるものであるかというに、厳格にいえば、到底、これもまた然りということができぬ。けだし阿含部、律部の聖典にしたところで、その伝持の最も由緒の正しいもの、すなわち巴利文で伝わるものでも、伝説にしたがえば、阿育王時代（西紀前269年即位の灌頂式を挙ぐ）すなわち仏滅二百有余年を経て、初めて現存の体裁に整理されたものであるから、この間に発達した教理や出来事をも含むものと見ねばならぬからである。ことに漢訳となれば、巴利のそれと別種の所伝に属すといいながらも、種々の点において巴利文聖典よりは一そう遅い編輯に属すということは疑うことのできぬ事実である。加うるに、巴利聖典にしたところで、漢訳聖典にしたところで、たとえその原形は比較的に忠実に伝えられた原始的のものであったにせよ、少なくとも現存の形に整理しあげたのは、何れもいわゆる部派（小乗十八部と一口にいう）に分かれてからのことである。したがってこの間に部派的意見の混入、少なくも部派的意見による取捨之あるべきもまた容易に想像し得べきところである」。「したがって厳格にいえば、真の原始仏教を研究するには、更にこれら阿含部や律部の聖典の中において、材料の新古を区別し、その最も原始的なるものを択ぶ必要がある。阿含部や律部の研究における今後の主なる題目は実にこの点にあるのである」。

ここまで書いていながら木村は、仲基と同じく、相互に対立・衝突する「純粋に無我五蘊縁起等を説く経」と「神話的著色の多い作品」「神話的文学的な作品」についての原典批評を何ら行なっていない（パーリ文と漢訳の一致・不一致の検討を部分的に行なっているが、これは厳密には原典批評と言えないことは、宇井の指摘の通りである）。そうして、主として後者の「神話的著色の多い作品」「神話的文学的な作品」を、仲基のいう「幻術」たる「輪廻」論を正当化する経典的根拠としている。木村の「輪廻」論には説得力が全くない。

〔参考資料〕『マヌ法典』、『ヤージュニャヴァルキヤ法典』と輪廻転生

『マヌ法典』（Mānava-dharmaśāstra、またはManu-smṛti：サンスクリット語、以下同様）という典籍がある。バラモン教（ヒンドゥー教）の聖典である。紀元前2世紀〜紀元後2世紀に成立したとされるが、内実的には、釈尊の時代から近代まで、インド社会で実際に機能していた。のみならず、慣習と意識においては現代まで存続している。なお、中村元は、ヒンドゥー教を「階級宗教であるバラモン教の大衆版である」とする（『古代インド』第3章、講談社、２００４年）。

『マヌ法典』は、カースト制と輪廻転生を以下のように明述している（邦訳は主に、渡瀬信之訳『マヌ法典』平凡社、２０１３年を参照、他に、田辺繁子訳『マヌの法典』岩波書店、１９５３年も参考にした）。

　姿が見えず、常住で、有と非有を本質としている原因から生まれたプルシャ（原人）はこの世でブラフマンと呼ばれているが、ブラフマンは、諸世界の繁栄のために、自己の口、腕、腿および足から、それぞれ、バラモン（brāhmaṇa：ブラーフマナ、司祭、祭官）、クシャトリヤ（kṣatriya、khattiya：王族、武人）、ヴァイシャ（vaiśya：庶民、市民）、シュードラ（śūdra：奴隷、奴婢）を造った。人間は臍より上にいくほど清浄であるとされており、人の口は最も清浄である。（注：これら四身分のほかに、チャンダーラ〔栴陀羅〕と称する賤民が存在していた。チャンダーラは当初はシュードラの範疇に入れられていたが、

後にシュードラの下に位置づけられるようになった。）

バラモンは、ヴェーダを教授・学習し、祭儀を行なう。クシャトリヤは、人民を守護し、ヴェーダを学習する。ヴァイシャは、家畜を守護し、農耕を行ない、商いや金貸しをし、ヴェーダを学習する。シュードラは、他の身分（ヴァルナ）に対して妬むことなく奉仕をする。すべての身分において、身分が同等の妻に自然な順序で生れた者たちのみが、父と同一の身分に属する。

人間が欲望（カーマ）を本質としていることは褒められないが、しかしこの世において欲望がない状態はありえない。ヴェーダの学習も、ヴェーダに規定される行為の実践も欲望によって生じる。欲望は思念（サンカルパ）から生じる。祭儀も思念から生じる。誓戒（ヴラタ）も生活規定（ヤマダルマ）のすべても思念から生じる。欲望のない者の行為などこの世のどこを探しても知られない。何をしようともそれはすべて欲望のなせることである。欲望によって生じる行為を正しく行なう者は不死なる神々の世界を獲得する。またこの世においても、思念したとおりにいっさいの欲望を獲得する。

大罪を有する者は多年の間、恐ろしい地獄を巡り、それを終えた後、輪廻転生する。バラモン殺しは、犬、豚、驢馬、駱駝、牛、山羊、羊、鹿、鳥、チャンダーラ、プルカサの母胎に入る。グルの寝台を犯す者は、草、灌木、肉食動物、牙を持つ獣、残忍なことをする者の母胎に入る。害することを好む者は肉食動物となり、食してはならないものを食する者は虫となる。泥棒は共食いするものとなる。穀物を奪う者はネズミとなり、真鍮を盗む者はハンサ鳥となり、水を盗む者はプラヴァ（水鳥の一種）、蜂蜜を盗む者は虻、牛乳を盗む者は烏、調味料を盗む者は犬、酥油を盗む者は禿鷹、脂肉を盗む者は鵜、油を盗む者はタイラバカ鳥、塩を盗む者はコオロギ、ヨーグルトを盗む者はバラーカ鳥となる。牛を盗む者はイグアナ、糖蜜を盗む者は大コウモリになる。家具を盗む者は雀蜂、染めた布を盗む者はジーヴァジーヴァカ鳥（オウムの一種）となる。鹿あるいは象を盗む者は狼、馬を盗む者は虎、果実や根を盗む者は猿、女を盗む者は熊、水を盗む者はストーカカ鳥、搬送具を盗む者は駱駝、家畜を盗む者は山羊となる。何であれ人は他人の者を力ずくで奪い、あるいはいまだ献供されていない供物を食せば、間違いなく畜生になる。女たちもまた物を奪えば同じ仕方で罪を得る。彼女たちは以上の生き物たちの雌となる。

この『マヌ法典』には、「由緒正しい」アーリア人たるバラモン、クシャトリヤ、ヴァイシャの三身分は「二度の誕生を有する者」（いわゆる再生族、dvija　ドゥヴィジャ）であり、シュードラは「一度のみの誕生を有する者」（いわゆる一生族、ekaja　エーカジャ）であるという規定があるが、ここの「再生族」は輪廻と関係するものでない。再生族はヴェーダ学習を開始する前に入門式（ウパナヤナ、upanayana）を受けなければならないが、この儀式によって、バラモン（受胎後8年目）、クシャトリヤ（11年目）、ヴァイシャ（12年目）は「祭祀的再生」をするということである。被征服民たるシュードラはヴェーダを学習することはできない。したがって、「再生族」ではない。

この点はともかく、カースト制、輪廻、欲望をあけすけに肯定している『マヌ法典』は、難解な哲理を含む、知識人層向けのウパニシャッド（Upaniṣad）の哲学などと異なって、インドの一般社会の現実に照応するものであった。カーストは今日では細分化され、その数は4千種にも達するといわれる。釈尊の根本思想は、まさにこうしたカースト制、輪廻、欲望を正面から否定していた。

また、『マヌ法典』と並ぶバラモン教（ヒンドゥー教）の聖典である『ヤージュニャヴァルキヤ法典』（紀元前後〜紀元6世紀頃に成立）にも輪廻転生が記述されている。たとえば、こうである（邦訳は、井狩弥介・渡瀬信之『ヤージュニャヴァルキヤ法典』平凡社、2002年を参照）。

3・133「ある行為は死後に、ある［行為は］この世に結果を結ぶ。またある［行為は］この世とあの世で［結果を結ぶ］。その際、［心的］状態（バーバ）が［行為の］発動者である。」

3・134「他人の物を欲しがる者、よからぬことを考える者、正しくないことに耽る者は、最悪の母胎に生まれる。」

3・135「嘘をつく者、誹謗する者、関係ないことをぺらぺらしゃべる者は、鳥獣に生まれる。」

3・136「与えられないものを取ることに嬉々とする者、他人の妻に何かとお節介する者、規定にしたがってではなく殺生する者は、動かざるもの（植物）に生まれる。」

3・137「己を知る者、清浄な者、抑制ある者、苦行者、感官が制御されている者、ヴェーダと学問にしたがってダルマを実行する者は、サットヴァ（純質）の優る者であり、神の生まれを［得る］。」

3・138「正しくない企てに嬉々とする者、落ち着きがない者、企てばかりする者、感官の対象に関心を注ぐ者は、ラジャス（激質）の優る者であり、死後、人間に生を得る。」

3・139「惰眠をむさぼる者、残忍なことをする者、貪欲な者、不信心な者、求めて［ばかり］いる者、不注意な者、生活破綻者は、タマス（暗質）の優る者であり、動物に生まれる。」

3・140「ラジャスとタマスとに充満されると、この世をふらつき、好ましくない心的状態に陥り、輪廻を得る。」

大小路悠行（おおこうじ・ゆうこう、雅号）
筑波大学名誉教授。思想学、宗教学、中国学
雅号での著作『親鸞、漱石、そして釈尊——未解明思想を解析する〈思想学〉の開拓』（花伝社、2023 年）

カバー・表紙画像：Tevaprapas Makklay（พระมหาเทวประภาส วชิรญาณเมธี cc-by-sa-3.0）

釈尊と「解脱」の思想——欲望と迷妄の社会における反時代的思想

2025年 3 月10日　初版第 1 刷発行

著者 ——— 大小路悠行
発行者 —— 平田　勝
発行 ——— 花伝社
発売 ——— 共栄書房
〒101-0065　東京都千代田区西神田2-5-11出版輸送ビル2F
電話　03-3263-3813
FAX　03-3239-8272
E-mail　info@kadensha.net
URL　https://www.kadensha.net
振替 ——— 00140-6-59661
装幀 ——— 北田雄一郎
印刷・製本— 中央精版印刷株式会社

ISBN978-4-7634-2162-3 C0010